사주 공부

– 나를 아는 지혜의 길 –

나를 아는 지혜의 길

사주 공부

저자 김성연

"사주는 나를 비추는 거울이다."

맑은샘

추천사

"만남마다 배우고, 헤어짐마다 성장한다."

반야사의 고요한 산문을 오르내리며 오랜 세월 마음공부와 사주명리학을 탐구해온 연지아(김성연) 님이 드디어 『사주공부 - 나를 아는 지혜의 길』을 세상에 내놓게 된 것을 진심으로 축하드립니다.

이 책은 단순한 사주명리학 입문서가 아닙니다.
음양오행의 생·극·제·화는 물론 합·형·충·파·해의 이치가 어떻게 인연 따라 일어나고 사라지는지를, 부처님께서 깨달으신 연기(緣起)의 법칙과 나란히 바라보게 하는 안내서입니다.
인간의 생각과 말, 그리고 행동이 음양오행이라는 우주의 시스템 속에서 일어나고, 펼쳐지고, 수그러지고, 사라져가는 모습이 바로 인과법칙에 따른 한 편의 일장춘몽임을 깨닫게 해줍니다.

저자는 오랜 세월 반야사에서 꾸준히 정진하며, 명리학을 단순한 운명론이 아니라 자신을 성찰하고 삶을 조율하는 수행의 길로 체화해 왔습니다.
그 과정 속에서 '운명'을 두려워하거나 피할 대상이 아니라, 인연과 법칙을 이해하고 지혜롭게 살아가기 위한 지도(地圖)로 바라보는 눈을 길러 왔습니다. 그 통찰과 체험이 고스란히 이 책 속에 담겨 있습니다.

『사주 공부』는 사주명리학을 처음 접하는 이들에게도, 오랜 수행과 공부를 이어온 이들에게도 자신과 세계를 바라보는 새로운 지혜의 창을 열어 줄 것입니다.

저는 이 책이 더 많은 이들에게 운명과 인연을 바르게 이해하는 길잡이가 되고, 그 길 위에서 스스로를 밝히는 등불이 되기를 소망합니다.

연지아 님의 부지런한 학문과 깊은 마음공부의 결실에 큰 박수를 보내며, 그동안 함께 정진해온 사제의 인연을 더욱 귀하게 여깁니다.

앞으로도 이 지혜의 길이 널리 전해져 많은 이들이 삶을 새롭게 바라보는 계기가 되기를 기원합니다.

2025년 11월 03일
반야사에서 적명당 종학합장

서문

　반야사의 고요한 산문을 오르내리며 처음 사주명리학을 접했을 때, 저는 '운명'이라는 단어 앞에서 막막함과 두려움을 느꼈습니다.
　그러나 수년간 스승님의 지도 아래 마음공부와 명리학 공부를 함께 하면서, 사주란 결코 미래를 단정하는 도구가 아니라 '나를 아는 지혜의 지도'임을 깊이 깨닫게 되었습니다.

　누구나 한 번쯤은 묻습니다.
　"나는 왜 이런 성격을 가졌을까?", "왜 내 삶은 이 길을 걸어가고 있을까?"
　사주명리학은 바로 이런 질문에서 출발합니다.

　많은 이들이 사주라 하면 운명을 점치는 기술을 여기지만, 제가 배움 속에서 느낀 가장 큰 가르침은 이것입니다.
　'사주는 운명을 결정짓는 도구가 아니라 나 자신을 알아가는 지혜의 길'이라는 사실입니다.

　내가 타고난 기질을 알고, 강한 면과 약한 면을 살펴보면 삶은 훨씬 더 선명하게 보입니다.
　부족한 것은 보완하고, 넘치는 것은 다스리며, 관계 속 갈등마저도 이해와 성찰의 기회로 바꿀 수 있습니다.

그렇게 우리는 운명에 휘둘리는 존재가 아니라, 스스로 삶을 조율하는 존재가 됩니다.

이 책은 반야사에서 스승님께 배우며 제가 걸어온 작은 공부의 기록입니다. 부족하고 서툴지만, 이 글을 읽는 분들이 자신의 사주를 통해 스스로를 이해하고, 삶을 조금 더 지혜롭고 균형 있게 바라보는 데 도움이 되기를 바랍니다.

사주는 멀리 있는 진리가 아닙니다.
내 삶 속에서, 매일의 경험 속에서, 나를 비추는 거울로 존재합니다.
이 책이 독자 여러분께 그 거울을 함께 건네는 작은 인연이 되기를 소망합니다.

2025년 11월 03일 저자 김성연(蓮池雅) 합장

목 차

- 추천사 / 004
- 서문 / 006

1부 사주명리학 왜 알아야 할까?
1. 운명을 보는 공부가 아니라 나를 아는 공부 / 016
2. 사주명리학의 기본 구조 / 020
3. 재미있게 시작하는 사주 이야기 / 024

2부 음양오행 쉽게 배우기
1. 음양의 원리 – 두 힘의 균형 / 027
2. 오행(목·화·토·금·수)의 성격 / 029
3. 오행의 상생과 상극, 일상 속 사례 / 033
4. 오행으로 보는 성격과 기질 / 037
5. 오행의 균형과 불균형 / 040

3부 천간과 지지 익히기
1. 10천간의 성격과 이미지 / 045
2. 12지지의 동물과 계절 / 052
3. 천간·지지를 쉽게 외우는 방법 / 060

4부 내 사주 보는 법
1. 사주팔자의 네 기둥 – 년·월·일·시 / 066
2. 일주(日柱)로 보는 나의 성격 / 070
3. 직접 내 사주 뽑아보기 / 074

5부 십성과 관계 맺기
1. 십성이란 무엇인가? / 079
2. 재성·관성·인성·식상·비겁의 이해 / 083
3. 십성으로 보는 인간관계 / 090

6부 기본 풀이 따라하기
1. 강한 오행과 약한 오행 찾기 / 096
2. 성격·적성·직업 간단 해석 / 100
3. 가족·배우자·친구 인연 살펴보기 / 104

7부 일상에서 활용하기
1. 사주와 건강 관리 / 110
2. 사주와 인간관계 / 114
3. 초보자가 꼭 기억해야 할 주의점 / 118

8부 실전 사례 풀이
1. 역사적 인물의 사주 간단 해석 / 122
2. 주변에서 흔히 볼 수 있는 사주 예시 / 127
3. 오행의 불균형 사례와 보완 방법 / 131

9부 사주와 삶의 주제들
1. 사주와 직업 선택 / 136
2. 사주와 재물 운용 / 141
3. 사주와 인연(결혼. 친구. 귀인) / 145

10부 사주와 수행적 성찰
1. 불교적 관점에서 본 인연과 업 / 150
2. 사주 공부와 명상 수행의 만남 / 153
3. 사주를 통한 자기 성찰과 자비 실천 / 156

11부 사주와 현대 사회
1. 현대인의 삶과 사주의 의미 / 160
2. 사주와 직장. 사회관계 / 163
3. 사주와 인간 심리, 상담 활용 / 167

12부 마무리
1. 사주 공부가 주는 즐거움 / 172
2. 자기 이해와 자기 성장의 길 / 172
3. 더 깊이 공부하고 싶을 때 참고할 길 / 179

13부 심화 학습편 1
1. 합(合) — 끌림과 조화의 비밀 / 183
  1) 천간합(天干合)
  2) 육합(六合) — 지지의 여섯 쌍
  3) 방합(方合) → 사방의 균형
  4) 합의 이중성

2. 충(衝) — 부딪힘 속의 깨달음 / 188
  1) 천간충(天干衝)
  2) 충의 작용
  3) 충과 우리의 삶

3. 형(刑)과 파(破) — 깨지고 얽힘 속의 배움 / 192
  1) 형(刑)의 종류와 의미
    (1) 寅巳申 삼형
    (2) 丑戌未 삼형
    (3) 子卯 상형
  2) 파(破)의 종류와 의미
    (1) 자유파(子酉破)
    (2) 축진파(丑辰破)
    (3) 인해파(寅亥破)
    (4) 묘오파(卯午破)
    (5) 사신파(巳申破)
    (6) 미술파(未戌破)
  3) 형과 파가 주는 교훈

4. 害(해) — 속상한 인연의 깨달음 / 199
  1) 子未害 (자미해)
  2) 丑午害 (축오해)
  3) 寅酉害 (인유해)
  4) 卯辰害 (묘진해)
  5) 巳戌害 (사술해)
  6) 申亥害 (신해해)

5. 12운성 — 인생의 열두 계단 / 207
  1) 장생(長生) — 태어남과 시작
  2) 목욕(沐浴) — 세상과의 첫 만남

3) 관대(冠帶) ― 자리를 잡음

4) 건록(建祿) ― 힘을 얻음

5) 제왕(帝旺) ― 절정에 이르다

6) 쇠(衰) ― 서서히 기울다

7) 병(病) ― 병듦과 약함

8) 사(死) ― 죽음

9) 묘(墓) ― 땅에 묻힘

10) 절(絕) ― 끊어짐

11) 태(胎) ― 다시 잉태됨

12) 양(養) ― 길러짐

6. 12신살 ― 운명의 그림자와 빛 / 216

1) 천살(天煞)

2) 지살(地煞)

3) 도화살(桃花煞)

4) 역마살(驛馬煞)

5) 망신살(亡神煞)

6) 장성살(將星煞)

7) 반안살(攀鞍煞)

8) 재살(災煞)

9) 육해살(六害煞)

10) 화개살(華蓋煞)

11) 겁살(劫煞)

12) 월살(月煞)

7. 길신편(吉神篇) ― 복을 전하는 열 별 / 225

1) 정록(正祿)

2) 금여록(金輿祿)

3) 천을귀인(天乙貴人)

4) 문창귀인(文昌貴人)

5) 문곡귀인(文曲貴人)

6) 학당귀인(學堂貴人)

7) 철쇄개금성(鐵鎖開金星)

8) 삼귀성(三貴星)

9) 천의성(天醫星)

8. 흉살편(凶殺編) ― 인생의 그늘과 경계 / 243

1) 공망(空亡)

2) 양인(羊刃)

3) 음인(陰刃)

4) 백호대살(白虎大殺)

5) 괴강살(魁罡殺)

6) 천라지망살(天羅地網殺)

7) 고란살(孤鸞殺)

8) 현침살(懸針殺)

9) 귀문관살(鬼門關殺)

10) 고신과숙(孤神寡宿)

11) 급각살(急脚殺)

12) 단교관살(斷橋關殺)

13) 삼재살(三災殺)

14) 상문조객살(喪門弔客殺)

15) 이사별(離死別)

14부 심화 학습편 2

1. 일간(日干)의 신강·신약을 구분하는 기준 / 258

1) 기준 1 ― 월령(月令)

2) 기준 2 ― 통근(通根)

3) 기준 3 — 생조(生助)와 제극(制剋)

4) 기준 4 — 왕쇠(旺衰) 종합판단

2. 대운 보기 / 252

1) 대운의 근거 — 하늘과 땅의 큰 흐름

2) 계절·환경의 의미 — 대운은 바람과 기후

3) 대운(大運) 산출의 기본 원리 요약

4) 양남음녀 순행, 음남양녀 역행 — 궤도의 형성

5) 대운간지의 생극제화 — 천간과 지지의 대화

6) 형충회합의 작용 — 큰 강물 속의 물결

7) 결어 — 대운을 보는 눈

3. 용희기구한약신 / 269

1) 용신(用神)

2) 희신(喜神)

3) 기신(忌神)

4) 구신(仇神)

5) 한신(閑神)

6) 약신(藥神)

4. 지장간에 대하여 / 274

1) 지장간(地藏干)의 의미와 월령사령(日數)

2) 지장간 해석법

3) 지장간 활용법

저자후기 / 282

1부 사주명리학 왜 알아야 할까?

🌿 1. 운명을 보는 공부가 아니라 나를 아는 공부

사주명리학을 처음 접하는 분들은 흔히 이렇게 말합니다.
"사주를 보면 내 미래가 다 나오는 거 아닌가요?"
"좋은 운이 언제 오고, 나쁜 운은 언제 지나가는지 알려주는 거 아닌가요?"

물론 사주에는 나의 흐름과 기질이 담겨 있습니다.
하지만 그것은 정해진 운명을 보여주는 것이 아니라,
내 삶을 더 잘 이해하고 다스릴 수 있도록 돕는 지도의 역할을 합니다.

🪷 운명은 돌에 새겨진 글자가 아니다

우리는 태어날 때부터 일정한 기질과 성향을 지니고 태어납니다.
그것이 사주팔자에 담긴 씨앗이라 할 수 있습니다.
그러나 씨앗이 어떤 열매를 맺을지는 환경과 돌봄, 그리고 나의 선택에 달려 있습니다.

사주를 공부한다는 것은 "내 씨앗의 성질을 이해하는 일"입니다.
성질을 알면 어떻게 키워야 할지 알 수 있고, 불필요한 고집을 줄일 수도 있습니다.

그래서 사주는 나를 바로 보는 공부이지, "앞으로의 운명이 고정되어 있다"라는 숙명론이 아닙니다.

🪷 관계 속에서 드러나는 나

사주는 홀로 존재하지 않습니다.
나의 성격, 나의 길, 나의 운명은 부모, 배우자, 자식, 친구, 사회와의 관계 속에서 드러납니다.
그래서 사주를 공부한다는 것은 단지 '나 혼자 잘 살기 위한 기술'이 아니라,
"내가 다른 사람과 어떻게 어울리며 살아갈 수 있는지"를 성찰하는 과정이기도 합니다.

관계 속에서의 갈등은 나를 괴롭히기도 하지만,
동시에 나를 성장시키는 스승이 되기도 합니다.
사주는 그 갈등의 원인을 비추어주고,
나를 더 깊이 이해할 수 있게 해줍니다.

🪷 사주명리학의 참된 목적

사주명리학의 목적은 단순히 미래를 예측하는 데 있지 않습니다.
진정한 목적은 나를 알고, 나를 다스리는 것에 있습니다.

나를 알면 불필요한 비교와 욕심을 내려놓게 되고,
나를 다스리면 삶은 한결 가볍고 평화로워집니다.
이 책은 그 출발점에 서 있는 분들을 위해 쓰였습니다.
어렵고 복잡한 이론보다는,
"내가 어떤 사람인지"를 먼저 느껴보는 공부로 시작합니다.

🪷 명상 한 구절

"운명은 돌에 새겨진 문장이 아니라,
내가 지금 어떻게 살아가는가에 따라 새롭게 쓰여지는 이야기이다."

🌿 2. 사주명리학의 기본 구조

사주명리학을 처음 접하면 가장 헷갈리는 것이 바로 "구조"입니다.

어떤 분들은 용어부터 어렵다고 하시고, 어떤 분들은 숫자와 한자가 복잡하다고 느낍니다.

하지만 큰 틀을 이해하면,

그 안에서 세부 내용은 자연스럽게 정리됩니다.

🪷 네 개의 기둥 — 사주팔자

사주(四柱)란 글자 그대로 네 개의 기둥입니다.

태어난 년(年)

태어난 월(月)

태어난 일(日)

태어난 시(時)

이 네 가지를 기둥처럼 세워 놓은 것이 사주이고,

각 기둥에는 **하늘의 글자(천간)**와 **땅의 글자(지지)**가 나란히 적힙니다.

그래서 네 기둥에 여덟 글자가 들어가므로, 이를 **사주팔자(四柱八字)**라고 부릅니다.

🪷 천간과 지지 — 하늘과 땅의 언어

천간(天干)은 하늘의 글자, 즉 甲(갑)에서 癸(계)까지 열 가지입니다.

지지(地支)는 땅의 글자, 즉 子(자)에서 亥(해)까지 열두 가지입니다.

하늘의 글자는 시간의 큰 흐름을 나타내고,

땅의 글자는 계절과 환경, 구체적인 상황을 보여줍니다.

이 둘이 짝을 이루어 하나의 기둥을 세우니, 결국 사주는 하늘과 땅이 만난 그림이라 할 수 있습니다.

🪷 팔자의 의미

사주는 태어난 순간의 하늘과 땅의 기운을 그대로 담은 지도입니다.

"내가 태어난 시간과 공간은 어떤 기운으로 열려 있었는가?"

그것이 곧 사주팔자의 출발점입니다.

팔자는 나의 성격과 기질, 강점과 약점을 비추어주며,
또한 삶을 살아가면서 맞이할 여러 상황에 대한 힌트를 줍니다.
그러나 다시 강조하지만, 그것은 정해진 운명을 예언하는 것이 아니라,
삶을 이해하고 대비할 수 있게 돕는 방향 표지판입니다.

🪷 기본 구조 이해하기

정리하면,

네 기둥(년 · 월 · 일 · 시)에

여덟 글자(천간 4개 + 지지 4개)가 들어가고,

그것을 바탕으로 나와 세상을 읽어가는 것이 사주명리학의 기본 구조입니다.

초보자라면 우선 이 큰 그림만 마음에 담아두면 충분합니다.
세부적인 해석은 차차 배우더라도,
"아, 사주는 태어난 시간과 공간을 여덟 글자로 나타낸 것이구나."
이것만 이해해도 출발선에 선 것입니다.

🪷 **명상 한 구절**

"나의 삶은 우연이 아니라,
시간과 공간이 함께 지은 인연의 열매이다."

3. 재미있게 시작하는 사주 이야기

사주명리학은 흔히 무겁고 어려운 학문처럼 느껴집니다.
낯선 한자와 복잡한 계산,
그리고 깊은 이론이 가로막고 있는 듯 보이지요.
그러나 사실 사주는 우리의 일상과 아주 가까운 곳에 있습니다.

날씨를 살피고 그것에 맞게 옷을 입는 것처럼,
사주는 태어난 시간의 기운을 읽어
나를 이해하고 삶을 준비하는 공부입니다.
즉, 사주는 운명을 예언하는 비밀서가 아니라,
"나와 세상을 더 잘 이해하는 생활의 지혜"라고 할 수 있습니다.

예를 들어, 불(火)의 기운이 강한 사람은 쉽게 열정이 솟고,
성격도 직설적일 수 있습니다.
반면 흙(土)의 기운이 많은 사람은 차분하고 느긋하며,
신중하게 움직이는 경향이 있습니다.

이처럼 사주는 우리가 흔히 느끼는 성격과 기질을,
자연의 기운으로 설명해 주는 또 하나의 언어입니다.

사주를 어렵게 생각하지 말고,

❋❋"자연을 빗대어 사람을 이해하는 공부"❋❋라고 생각하면 한결 가볍게 다가올 것입니다.

🪷 **명상 한 구절**

"사람의 성격도 자연처럼 다양하다.
바람처럼 자유롭기도 하고, 산처럼 묵직하기도 하다.
그 차이를 이해하는 순간, 인연은 한결 부드러워진다."

2부 음양오행 쉽게 배우기

🌿 1. 음양의 원리 — 두 힘의 균형

세상 만물은 모두 **음(陰)과 양(陽)**으로 이루어져 있습니다.
밝음과 어둠, 낮과 밤, 뜨거움과 차가움, 남성과 여성, 움직임과 고요함.
이 두 힘은 서로 대립하는 듯 보이지만,
사실은 서로를 채우며 조화를 이룹니다.

사주명리학의 기초도 바로 이 음양의 원리에 있습니다.
열 가지 천간과 열두 가지 지지는 모두 음과 양으로 나뉘어 있으며,
사람의 성격과 기질도 음과 양의 비율에 따라 드러납니다.

양(陽)은 적극적이고 외향적인 힘입니다.
앞으로 나아가고 확장하려는 기운입니다.

음(陰)은 수용적이고 내향적인 힘입니다.
지키고 받아들이며 안으로 모으는 기운입니다.

한 사람의 사주에는 음과 양이 섞여 있습니다.
양이 지나치면 성급해질 수 있고,
음이 지나치면 소극적일 수 있습니다.
그러나 음과 양이 적절히 어울리면

삶은 균형과 조화를 이루게 됩니다.

🪷 변화하는 음양

음과 양은 고정된 것이 아닙니다.
낮이 밤으로 바뀌고, 밤이 다시 낮으로 돌아오듯,
삶의 기운도 끊임없이 변하며 서로를 보완합니다.
이 변화를 알면, 지금의 고통도 언젠가 다른 모습으로 바뀐다는 희망을 얻을 수 있습니다.

🪔 명상 한 구절

"음은 양을 낳고, 양은 음을 낳는다.
두 힘은 다투는 것이 아니라,
서로 기대어 하나의 길을 만들어 간다."

🌿 2. 오행(목·화·토·금·수)의 성격

사주명리학의 중심에는 다섯 가지 기운이 있습니다.
바로 ※※목(木), 화(火), 토(土), 금(金), 수(水)※※입니다.
이 다섯 기운은 세상의 모든 변화를 설명하는 기본 틀이며,
사람의 성격과 기질도 이 다섯 가지를 통해 이해할 수 있습니다.

🪷 목(木) — 나무의 기운

목은 성장과 확장을 상징합니다.

봄에 새싹이 돋아나고 가지가 뻗어나가듯,

목의 기운이 강한 사람은 새로운 것을 좋아하고, 활력이 넘칩니다.

그러나 때로는 조급하거나 고집스러울 수 있습니다.

🪷 화(火) — 불의 기운

화는 열정과 빛을 나타냅니다.

여름의 태양처럼 뜨겁고 환한 기운입니다.

화의 기운이 강한 사람은 활발하고 솔직하며,

주변을 밝히는 힘이 있습니다.

하지만 성급하거나 쉽게 흥분할 수 있다는 점은 조심해야 합니다.

🪷 토(土) — 흙의 기운

토는 안정과 중심을 의미합니다.

흙은 모든 것을 품고 자라게 하는 바탕입니다.

토의 기운이 강한 사람은 성실하고 책임감이 있으며,

현실적인 감각이 뛰어납니다.

그러나 지나치면 답답하거나 융통성이 부족해 보일 수 있습니다.

🪷 금(金) — 쇠의 기운

금은 단단함과 결단력을 상징합니다.
가을의 서늘한 기운처럼, 맑고 차분하며 강한 힘을 가집니다.
금의 기운이 강한 사람은 명확하고 원칙을 중시하며, 강직합니다.
그러나 때로는 차갑거나 완고해 보일 수 있습니다.

🪷 수(水) — 물의 기운

수는 지혜와 흐름을 의미합니다.
겨울의 물처럼 차분하고 깊으며, 부드럽게 흘러가는 성질을 가집니다.
수의 기운이 강한 사람은 사색적이고 지혜로우며, 적응력이 좋습니다.
하지만 지나치면 우유부단하거나 쉽게 흔들릴 수 있습니다.

🪷 오행의 균형

사람의 사주에는 다섯 기운이 모두 들어 있지만,
어떤 기운은 많고 어떤 기운은 부족합니다.
공부의 목적은 "좋다, 나쁘다"를 따지는 것이 아니라,
어떤 기운이 강하고 어떤 기운이 약한지 이해하는 것입니다.
이해가 깊어질수록, 나의 성격과 삶의 패턴도 더 분명하게 보이게 됩니다.

🪷 **명상 한 구절**

"나무는 자라고, 불은 타오르고,
흙은 품어주고, 쇠는 단단히 지키며,
물은 흘러간다.
내 삶도 이 다섯 기운의 춤 속에 있다."

🌿 3. 오행의 상생과 상극, 일상 속 사례

오행(木火土金水)은 각각 독립된 성질을 가지고 있지만,
서로 떨어져 존재하지 않고 끊임없이 관계 속에서 작용합니다.
이 관계를 크게 두 가지로 설명하는데,
바로 **상생(相生)**과 **상극(相剋)**입니다.

🪷 상생 — 서로 돕는 관계

상생은 말 그대로 서로를 살려주는 관계입니다.

목(木)은 화(火)를 낳는다. → 나무가 불을 만든다.

화(火)는 토(土)를 낳는다. → 불이 꺼지고 재가 흙으로 남는다.

토(土)는 금(金)을 낳는다. → 땅속에서 쇠가 나온다.

금(金)은 수(水)를 낳는다. → 쇠는 차가움을 머금고, 물방울이 맺힌다.

수(水)는 목(木)을 낳는다. → 물은 나무를 기르게 한다.

이처럼 상생은 연결과 순환의 원리입니다.
사람도 서로를 돕고 이어 주는 관계 속에서 성장합니다.

🪷 상극 — 서로 제어하는 관계

상극은 서로를 제어하거나 다투는 관계입니다.

목(木)은 토(土)를 이긴다. → 뿌리가 흙을 뚫고 자란다.

토(土)는 수(水)를 막는다. → 흙이 물길을 막는다.

수(水)는 화(火)를 꺾는다. → 물이 불을 끈다.

화(火)는 금(金)을 녹인다. → 불이 쇠를 녹인다.

금(金)은 목(木)을 자른다. → 쇠가 나무를 자른다.

상극은 나쁜 것이 아니라,
지나친 기운을 제어하여 균형을 이루는 작용입니다.
 예를 들어, 나무(木)의 기운이 지나치게 강하면
땅(土)의 기운이 눌러주어야 하고,
불(火)의 기운이 지나치게 강하면

물(水)의 기운이 식혀 주어야 합니다.

🪷 상생과 상극의 지혜

삶도 이와 같습니다.
어떤 관계는 나를 키워 주고, 어떤 관계는 나를 눌러 줍니다.
성장만 있으면 폭주하기 쉽고, 제어만 있으면 답답해집니다.
따라서 상생과 상극은 모두 필요합니다.

사주를 본다는 것은 바로 이 관계의 균형을 이해하는 일입니다.
나의 오행 속에서 어떤 기운은 지나치고,
어떤 기운은 부족한지 알아내어,
그 균형을 맞추는 것이 사주 공부의 핵심이라 할 수 있습니다.

🪷 명상 한 구절

"삶은 상생과 상극의 고리 속에 흐른다.
돕는 이도, 막는 이도 모두
내 삶을 완성시키는 인연이다."

4. 오행으로 보는 성격과 기질

사람마다 성격이 다른 것은
곧 오행의 기운이 다르게 배치되었기 때문입니다.
누군가는 활발하고, 누군가는 차분하며, 또 누군가는 지혜롭습니다.
이러한 차이를 오행으로 이해하면, 나와 타인을 좀 더 따뜻하게 바라볼 수 있습니다.

🪷 목(木)의 사람 — 도전과 성장

목의 기운이 강한 사람은 도전적이고 진취적입니다.
새싹이 흙을 뚫고 올라오듯,
새로운 것을 시도하고, 끊임없이 성장하려는 마음이 있습니다.
다만 성급하고 고집스러운 면을 조심해야 합니다.

🪷 화(火)의 사람 — 열정과 표현

화의 기운이 강한 사람은 열정적이고 솔직합니다.
불꽃처럼 분위기를 환하게 만들고, 말과 행동이 빠릅니다.

사람들과 어울리기를 좋아하고, 리더십을 발휘하기도 합니다.
하지만 성격이 급해 다툼을 만들 수 있으니 균형이 필요합니다.

◼ 토(土)의 사람 — 안정과 신뢰

토의 기운이 강한 사람은 신중하고 책임감이 있습니다.
흙이 만물을 품듯, 사람들을 포용하고 믿음을 주는 힘이 있습니다.
한편으로는 현실적이고 계산적인 면도 있습니다.
지나치면 답답하거나 융통성이 없다는 말을 들을 수 있습니다.

✿ 금(金)의 사람 — 원칙과 결단

금의 기운이 강한 사람은 명확하고 결단력이 있습니다.
가을바람처럼 맑고 시원하며, 옳고 그름을 분명히 가립니다.
책임감과 정의감이 강해 조직에서 중요한 역할을 하기도 합니다.
하지만 지나치면 차갑거나 완고해 보일 수 있습니다.

✿ 수(水)의 사람 — 지혜와 유연함

수의 기운이 강한 사람은 사색적이고 지혜로운 성격을 지닙니다.

물처럼 부드럽게 흘러가며, 변화에 잘 적응합니다.
예술적 감수성이 뛰어나고, 상상력이 풍부하기도 합니다.
하지만 지나치면 우유부단하거나 쉽게 흔들리기도 합니다.

🪷 나와 타인의 차이를 이해하기

오행을 통해 성격을 바라보면,
다름이 갈등이 아니라 자연스러운 다양성임을 알게 됩니다.
나무는 자라야 하고, 불은 타올라야 하며,
흙은 품어야 하고, 쇠는 지켜야 하며, 물은 흘러야 합니다.
이 다섯 가지가 함께할 때 세상은 완전해집니다.

🪷 명상 한 구절

"사람은 오행처럼 다 다르다.
그 다름을 인정하는 순간,
갈등은 이해로, 인연은 배움으로 바뀐다."

🌿 5. 오행의 균형과 불균형

   사람의 사주에는 다섯 가지 기운,
즉 오행이 모두 들어 있습니다.
   그러나 누구나 균형 있게 갖추고 있는 것은 아닙니다.
   어떤 사람은 목(木)의 기운이 강하고,
어떤 사람은 수(水)의 기운이 약할 수 있습니다.
   이 차이가 곧 성격과 삶의 패턴으로 드러나게 됩니다.

🪷 균형 잡힌 오행

오행이 균형을 이룬 사람은
성격이 조화롭고, 삶의 기운도 안정적입니다.

목(木)의 도전정신이 성장을 이끌고,

화(火)의 열정이 활기를 불어넣으며,

토(土)의 안정감이 중심을 잡아주고,

금(金)의 결단력이 방향을 바로잡으며,

수(水)의 지혜가 모든 것을 흘러가게 합니다.

균형 잡힌 오행은 마치 잘 어울려 연주하는 오케스트라와 같습니다.

🪷 불균형한 오행

반대로 어떤 기운이 지나치게 강하거나 부족하면,
성격과 삶에 편향이 생깁니다.

목(木)이 지나치면 고집이 세고, 부족하면 추진력이 떨어집니다.

화(火)가 지나치면 성급하고, 부족하면 활기가 없습니다.

토(土)가 지나치면 답답하고, 부족하면 중심을 잃습니다.

금(金)이 지나치면 차갑고, 부족하면 원칙이 약해집니다.

수(水)가 지나치면 우유부단하고, 부족하면 지혜가 모자랍니다.
이처럼 불균형은 삶의 어려움으로 드러날 수 있습니다.
그러나 그것이 결코 '나쁘다'는 뜻은 아닙니다.
부족한 부분을 채워가고, 지나친 부분을 누그러뜨리면 됩니다.

삶의 지혜로 삼기

사주를 보는 이유는 "좋다, 나쁘다"를 따지기 위함이 아닙니다.
 오행의 균형과 불균형을 살펴
자기 이해와 조화를 찾는 것이 목적입니다.
 나의 강점을 인정하고, 약점을 돌아보는 순간,
삶은 훨씬 부드러워집니다.

🪷 **명상 한 구절**

"강한 기운은 누그러뜨리고,
약한 기운은 채워주면 된다.
삶은 균형을 향해 흘러가는 강물과 같다."

3부 천간과 지지 익히기

사주명리학에서 **천간(天干)**은
하늘에서 내려온 기운을 의미합니다.

  십간(十干)은 갑(甲)·을(乙)·병(丙)·정(丁)·무(戊)·기(己)·경(庚)·
신(辛)·임(壬)·계(癸)로 이루어져 있으며,
목(木)·화(火)·토(土)·금(金)·수(水)의 오행이 각각 음양으로 나뉘어
총 열 개의 기운을 나타냅니다.

  각 천간에는 고유한 성격과 이미지가 담겨 있어,
사람의 성격과 행동 양식, 삶의 태도를 드러내는 단서가 됩니다.

 1. 10천간 성격과 이미지

1) 갑목(甲木) – 큰 나무, 우직한 선비

큰 나무처럼 뻗어나가는 기운.

정직하고 곧으며, 리더의 자질이 있다.

추진력이 강하지만 융통성이 부족해 부러지기도 한다.

🪷 이미지: 커다란 느티나무, 똑바른 기둥.

☯ 2) 을목(乙木) – 덩굴, 꽃, 유연한 나무

작은 나무나 덩굴처럼 유연한 성품.

부드럽고 세심하며, 사람을 잘 배려한다.

그러나 환경에 따라 쉽게 휘둘릴 수도 있다.

🪷 이미지: 담장을 타고 오르는 담쟁이덩굴, 꽃잎.

☯ 3) 병화(丙火) – 태양, 큰 불

태양처럼 밝고 따뜻하다.

열정적이며 창조적이고, 지도자적 기운이 있다.

하지만 지나치면 오만하거나 타인을 태우기도 한다.

🪷 이미지: 태양, 모닥불.

4) 정화(丁火) – 등불, 작은 불

등불이나 촛불 같은 세심하고 따뜻한 성품.

남을 돕고 배려하며, 예술적 감각이 있다.

그러나 불안정하면 쉽게 꺼지고 흔들린다.

이미지: 촛불, 별빛.

5) 무토(戊土) – 큰 산, 대지

웅장한 산처럼 든든하고 안정적이다.

의지가 강하고 믿음직스럽다.

그러나 고집이 세고 변화에 둔감할 수 있다.

이미지: 산맥, 광활한 평야.

6) 기토(己土) – 밭, 작은 땅

옥토 같은 기운으로, 사람을 기르는 힘.

현실적이고 실속 있으며, 세밀하다.

그러나 소심하거나 걱정이 많아지기도 한다.

이미지: 논밭, 정원.

7) 경금(庚金) – 강철, 큰 쇠

단단하고 강한 기운, 결단력이 뛰어나다.

의리가 있고 원칙적이며 정의를 중시한다.

그러나 냉정하거나 고집이 세다는 평을 듣기도 한다.

이미지: 칼, 검, 도끼.

🌿 8) 신금(辛金) – 보석, 작은 쇠

정교하고 섬세한 성품.

아름다움과 세련됨을 추구한다.

그러나 지나치면 예민하거나 까다로울 수 있다.

🪷 이미지: 보석, 반짝이는 장신구.

🌿 9) 임수(壬水) – 큰 바다, 큰 물

바다처럼 넓고 포용력이 있다.

지혜롭고 사고가 깊으며, 자유를 좋아한다.

그러나 지나치면 방탕하거나 감정 기복이 커진다.

🪷 이미지: 대양, 강물.

🜄 10) 계수(癸水) – 이슬, 작은 물

이슬이나 빗방울처럼 섬세하고 차분하다.

총명하며 상황에 잘 적응한다.

그러나 소극적이거나 숨으려는 경향이 있다.

🪷 이미지: 이슬방울, 가랑비.

❈ 맺음말
십간은 단순히 기호가 아니라,
자연의 이미지와 성격을 담은 거울입니다.
 사람마다 태어난 날의 천간은 삶의 기질을 드러내며,
이를 이해하면 자신의 장점과 단점을 바로 보는 눈을 얻을 수 있습니다.

🪷 명상 한 구절

"천간은 하늘이 준 성품의 씨앗이다.
그 씨앗을 어떻게 기르느냐가 삶을 만든다."

2. 12지지의 동물과 계절

십이지지(十二地支)는 하늘의 기운인 천간과 짝을 이루어, 땅의 기운을 나타내는 체계입니다.

자(子)·축(丑)·인(寅)·묘(卯)·진(辰)·사(巳)·오(午)·미(未)·신(申)·유(酉)·술(戌)·해(亥)로 이루어져 있으며, 흔히 띠 동물과 계절의 흐름으로 설명됩니다.

12지지는 단순한 '띠'가 아니라, 계절의 변화와 생명의 주기를 담은 상징이기도 합니다.

12지지 성격과 이미지

1) 자(子) - 쥐 / 겨울의 시작

동물 상징: 쥐 - 영리하고 재빠른 기운.

계절 의미: 겨울의 시작, 씨앗이 땅속에서 움트는 시기.

특징: 생존력, 지혜, 번식력.

🪷 이미지: 겨울밤의 물가, 생명의 씨앗이 움트는 기운.

☯ 2) 축(丑) – 소 / 겨울의 깊음

동물 상징: 소 – 우직하고 성실한 기운.

계절 의미: 겨울의 한가운데, 땅속에서 기운이 응축되는 때.

특징: 인내, 성실, 끈기.

🪷 이미지: 얼어붙은 대지 속 깊은 뿌리.

☯ 3) 인(寅) – 호랑이 / 봄의 문턱

동물 상징: 호랑이 – 용맹하고 과감한 기운.

계절 의미: 봄이 열리는 시작, 얼음이 녹고 새싹이 움트는 때.

특징: 결단, 용기, 리더십.

🪷 이미지: 눈 덮인 산을 뚫고 솟아나는 기운.

4) 묘(卯) – 토끼 / 봄의 무르익음

동물 상징: 토끼 – 온순하고 민첩한 기운.

계절 의미: 봄의 한가운데, 꽃이 피어나는 때.

특징: 부드러움, 예술성, 친화력.

🪔 이미지: 화사한 꽃밭 위를 뛰노는 토끼.

5) 진(辰) – 용 / 봄에서 여름으로

동물 상징: 용 – 상상의 존재, 변화와 힘의 상징.

계절 의미: 봄에서 여름으로 넘어가는 전환기.

특징: 변화, 창조, 권위.

🪔 이미지: 구름 속을 뚫고 솟아오르는 용.

◐ 6) 사(巳) – 뱀 / 초여름

동물 상징: 뱀 – 지혜롭고 탐구적인 기운.

계절 의미: 여름이 시작되는 초여름.

특징: 지혜, 직관, 은밀함.

🪷 이미지: 햇살 아래 나무 그늘 속의 뱀.

◐ 7) 오(午) – 말 / 여름의 정점

동물 상징: 말 – 활력과 속도의 기운.

계절 의미: 한여름, 태양이 가장 강렬한 시기.

특징: 활동성, 자유, 열정.

🪷 이미지: 태양 아래 초원을 달리는 말.

8) 미(未) – 양 / 여름에서 가을로

동물 상징: 양 – 온순하고 평화로운 기운.

계절 의미: 여름이 마무리되고 가을을 맞이하기 전의 시기.

특징: 화합, 인내, 온화함.

이미지: 언덕 위 풀을 뜯는 양.

9) 신(申) – 원숭이 / 가을의 문턱

동물 상징: 원숭이 – 재치 있고 다재다능한 기운.

계절 의미: 가을의 시작, 수확을 준비하는 때.

특징: 지혜, 기술, 유연성.

이미지: 나무 사이를 뛰어다니는 원숭이.

🌀 10) 유(酉) – 닭 / 가을의 무르익음

동물 상징: 닭 – 부지런하고 시간을 알리는 존재.

계절 의미: 가을의 한가운데, 열매가 무르익는 시기.

특징: 성실, 규칙, 결실.

🪷 이미지: 새벽을 알리는 닭의 울음.

🌀 11) 술(戌) – 개 / 가을에서 겨울로

동물 상징: 개 – 충직하고 믿음직한 기운.

계절 의미: 가을이 마무리되고 겨울로 들어서는 시기.

특징: 충성, 책임, 보호.

🪷 이미지: 들판을 지키는 충직한 개.

☯ 12) 해(亥) – 돼지 / 겨울의 문턱

동물 상징: 돼지 – 포용과 풍요의 상징.

계절 의미: 겨울로 들어가는 문턱, 기운을 저장하는 시기.

특징: 너그러움, 여유, 풍요.

🪷 이미지: 가을 수확 후 풍족한 곳간.

❈ 맺음말
12지지는 단순히 띠 동물로만 이해할 것이 아니라,
계절의 흐름과 생명의 주기를 담은 상징입니다.
자연의 변화와 마찬가지로, 인간의 삶 역시 생겨나고 자라고 무르익으며 다시 쉬는 과정을 되풀이합니다.

🪷 명상 한 구절

"지지는 땅의 시간표이다.
그 속에서 인간의 삶도 계절처럼 흐른다."

3. 천간·지지를 쉽게 외우는 방법

십간(十干)과 십이지지(十二地支)는 사주명리학을 이해하는 기본입니다. 하지만 처음 접하는 사람에게는 생소한 한자와 순서 때문에 외우기가 쉽지 않습니다.

이 장에서는 쉽게 기억하는 방법과 이미지화하는 요령을 소개하겠습니다.

1) 10천간을 외우는 방법

십간은 오행(木火土金水)이 양과 음으로 나뉘어 10개가 됩니다.

갑(甲) · 을(乙) → 목(木)

병(丙) · 정(丁) → 화(火)

무(戊) · 기(己) → 토(土)

경(庚) · 신(辛) → 금(金)

임(壬) · 계(癸) → 수(水)

🪷 암기 요령:

"갑을 병정 무기 경신 임계" → 짧은 구호처럼 외우기.

오행의 흐름을 떠올리며, 양(홀수 순서)·음(짝수 순서)으로 짝지어 기억하기.

🪔 이미지 기억법: 큰 나무(甲)와 덩굴(乙), 태양(丙)과 촛불(丁), 큰 산(戊)과 밭(己), 쇠도끼(庚)와 보석(辛), 큰 바다(壬)와 이슬(癸).

2) 12지지를 외우는 방법

12지지는 흔히 십이간지 띠 동물로 알려져 있습니다.

자(子)-쥐, 축(丑)-소, 인(寅)-호랑이, 묘(卯)-토끼,

진(辰)-용, 사(巳)-뱀, 오(午)-말, 미(未)-양,

신(申)-원숭이, 유(酉)-닭, 술(戌)-개, 해(亥)-돼지.

🪷 **암기 요령:**

"자축인묘 진사오미 신유술해" → 구호처럼 반복하기.

하루 12시간에 맞추어 연결하기: 자시(2303시, 소가 여물 먹는 때)…

1년의 계절로 떠올리기:

자(子)는 겨울 시작, 인(寅)은 봄 시작, 오(午)는 여름 정점, 유(酉)는 가을 무르익음.

🪷 이미지 기억법: 밤의 쥐(子), 밭가는 소(丑), 용맹한 호랑이(寅), 꽃밭의 토끼(卯), 구름을 나는 용(辰), 햇살 아래 뱀(巳), 달리는 말(午), 언덕 위 양(未), 나무타는 원숭이(申), 새벽 닭(酉), 들판의 개(戌), 풍요로운 돼지(亥).

3) 천간과 지지를 짝짓는 방법

십간과 십이지는 음양의 짝으로 배합되어 60갑자(六十甲子)를 이룹니다.

예)

갑자(甲子) → 양목(갑) + 쥐(자)

을축(乙丑) → 음목(을) + 소(축)

🪷 암기 요령:

"갑자부터 시작해 60개가 하나의 큰 주기"라 기억하기.

음양을 맞추어 외우면 더 쉽다:

홀수 간(甲, 丙, 戊, 庚, 壬)은 양,

짝수 간(乙, 丁, 己, 辛, 癸)은 음.

지지도 마찬가지로 자(子)는 양수, 축(丑)은 음토…

❀ 맺음말

천간과 지지는 단순히 외워야 할 기호가 아니라, 자연의 이미지와 계절의 흐름을 담은 기호입니다.
이미지와 이야기를 함께 떠올리며 외우면 기억이 오래가고,
삶 속에서도 쉽게 연결할 수 있습니다.

🪷 **명상 한 구절**

"외움은 단순한 기억이 아니라,
자연의 흐름을 몸에 새기는 일이다."

4부 내 사주 보는 법

🌿 1. 사주팔자의 네 기둥 – 년·월·일·시

사주(四柱)는 말 그대로 네 개의 기둥을 의미합니다.

사람이 태어난 **년(年), 월(月), 일(日), 시(時)**의 네 시점에 하늘의 기운(천간)과 땅의 기운(지지)이 짝을 이루어 기록된 것이 바로 사주팔자입니다.

즉, 한 사람의 운명 구조는 태어난 순간의 시간 좌표로부터 출발한다고 할 수 있습니다.

◐ 1) 년주(年柱) – 조상과 뿌리

태어난 해의 천간과 지지가 합쳐져 만든 기둥.

조상, 집안, 부모 세대의 영향을 상징.

어린 시절 환경과 기본적인 기질이 드러난다.

가문, 혈통, 사회적 배경을 비추는 거울.

♟ 이미지: 큰 나무의 뿌리. 삶의 시작을 지탱하는 근원.

2) 월주(月柱) – 부모와 성장 환경

태어난 달의 천간과 지지.

부모와 형제, 어린 시절 가정의 기운을 보여준다.

사주 해석에서 가장 중요하게 여겨지는 자리로,
인생의 전반적 기운을 좌우한다.

사회적 기질, 직업적 성향, 인간관계의 기반을 드러낸다.

🪷 이미지: 나무의 줄기. 성장 과정이 이곳에서 결정된다.

3) 일주(日柱) – 자신과 배우자

태어난 날의 천간과 지지.

자신의 본체와 배우자 운을 함께 나타낸다.

사주에서 중심이 되는 자리이며,
자기 성격 · 가치관 · 삶의 태도를 드러낸다.

일주가 튼튼하면 다른 기둥이 불리하더라도
자기 주체성을 지킬 수 있다.

🪔 이미지: 나무의 꽃. 나를 드러내고 향기를 퍼뜨리는 자리.

☯ 4) 시주(時柱) – 자손과 말년 운

태어난 시간의 천간과 지지.

자식, 후손, 말년의 삶을 상징한다.

또한 개인의 이상, 꿈, 내면세계와 연결된다.

청년기 이후의 삶, 특히 40세 이후 운세를 풀 때 중요하다.

🪔 이미지: 열매. 삶이 맺는 결실과 후대에 전하는 씨앗.

☯ 5) 네 기둥의 상징성

년주는 뿌리 → 출생 배경과 기반.

월주는 줄기 → 성장 환경과 삶의 방향.

일주는 꽃 → 자기 자신과 삶의 중심.

시주는 열매 → 미래와 후손, 결실.

사주는 결국 한 그루 나무와 같아서, 뿌리 · 줄기 · 꽃 · 열매가 서로 연결되어 있어야 건강하게 자랍니다.
　어느 하나만 보아서는 전체를 이해할 수 없고,
네 기둥이 함께 어우러질 때 비로소 인생의 큰 그림이 보이게 됩니다.

　🪷 **명상 한 구절**

"사주는 네 개의 기둥이 세운 인생의 집이다.
뿌리와 줄기, 꽃과 열매가 하나로 이어져 삶을 완성한다."

 2. 일주(日柱)로 보는 나의 성격

사주팔자에서 **일주(日柱)**는 가장 중요한 기둥입니다.

왜냐하면, 일주는 태어난 **날(日)**의 천간과 지지가 결합된 것으로, 자기 자신을 대표하기 때문입니다.

년주는 가문, 월주는 성장 환경, 시주는 자손과 미래를 말하지만, 결국 삶을 살아가는 중심은 자기 자신이기에 일주를 '사주의 주인'이라고 부릅니다.

1) 일주의 의미

자기 성격과 기질: 일주의 천간은 내면의 성품과 태도를 드러낸다.

배우자와의 인연: 일지(日支)는 부부궁(夫妻宮)에 해당하여 배우자와의 관계를 보여준다.

삶의 방향성: 내가 어떤 방식으로 세상과 관계 맺고 살아가는지를 나타낸다.

즉, 일주는 **"나 자신과 가장 가까운 자리"**이며, 사주 해석에서 반드시 중심축으로 삼아야 한다.

2) 일간(日干)으로 본 성격

일주의 천간(일간, 日干)은 곧 자기 자신이다.

갑목(甲木) 일간 → 곧고 정직하며 추진력이 강하다.

을목(乙木) 일간 → 부드럽고 세심하며 유연하다.

병화(丙火) 일간 → 밝고 활달하며 열정적이다.

정화(丁火) 일간 → 따뜻하고 예술적이며 배려심이 많다.

무토(戊土) 일간 → 든든하고 신뢰감 있으며 안정적이다.

기토(己土) 일간 → 현실적이고 성실하며 세심하다.

경금(庚金) 일간 → 강직하고 결단력이 있으며 원칙적이다.

신금(辛金) 일간 → 세련되고 섬세하며 미적 감각이 뛰어나다.

임수(壬水) 일간 → 지혜롭고 포용력 있으며 자유로움을 추구한다.

계수(癸水) 일간 → 차분하고 총명하며 상황에 유연하다.

👧 일간만 보아도 사람의 기본 성품을 알 수 있고,
오행의 균형을 이해할 수 있다.

3) 일지(日支)로 본 배우자 운

일지(日支)는 '부부궁(夫妻宮)'이라 불리며 배우자와의 인연을 보여준다.

목(木) 일지 → 배우자와 함께 성장하고 협력하는 기운.

화(火) 일지 → 열정적이며 강한 인연.

토(土) 일지 → 안정적이지만 고집 부릴 수 있음.

금(金) 일지 → 원칙적이고 책임감 있는 인연.

수(水) 일지 → 지혜롭고 부드러운 관계.

👧 일간이 나 자신이라면, 일지는 내 삶을 함께 짓는 동반자이다.

4) 일주 해석의 실제 예

예를 들어, **정유일주(丁酉日柱)** 라면,

정화(丁火)는 작은 불 → 따뜻하고 배려심 깊은 성격.

유금(酉金)은 닭 → 꼼꼼하고 성실하며 규칙적 성향.
→ 따뜻한 성품 속에 꼼꼼함과 현실적 태도가 어우러진 사람.
→ 배우자와의 관계에서도 책임감과 세심함이 드러난다.

❈ 맺음말
일주는 사주의 중심이자 나 자신을 비추는 거울이다.
사주를 해석할 때 일주를 제대로 이해하면, 자기 성격을 알 뿐 아니라 삶의 방향과 배우자와의 인연까지도 깊이 이해할 수 있다.

🪷 명상 한 구절

"일주는 나를 밝히는 등불이다.
자기 자신을 알 때, 운명의 길도 보이게 된다."

🌱 3. 직접 내 사주 뽑아보기

앞에서 우리는 사주팔자를 구성하는 기본 요소, 즉 **네 기둥(년·월·일·시)**과 그 속을 이루는 천간과 지지의 의미를 살펴보았습니다.

이제는 실제로 내 사주팔자를 직접 뽑아보는 단계입니다.

이 과정을 통해 독자는 책으로만 배우던 내용을 현실의 자기 삶과 연결할 수 있게 됩니다.

1) 사주를 뽑는 방법

과거에는 사주를 계산하려면 복잡한 **만세력(萬歲曆)**을 펼쳐 일일이 손으로 찾아야 했습니다.

하지만 지금은 인터넷이나 앱, 프로그램을 통해 간단히 자신의 사주를 확인할 수 있습니다.

필수 정보:

출생년도, 월, 일, 시(양력 기준)

출생 장소(시간대 보정 필요할 때 참고)

입력하면 자동으로 년·월·일·시의 천간·지지가 나오고, 이를 4개의 기둥으로 배열합니다.

🧑 여기서 중요한 것은, 단순히 결과를 보는 것이 아니라
"왜 이런 기둥이 나왔는지"를 이해하려는 태도입니다.

2) 사주팔자 작성 예시

예를 들어, 1946년 음력 8월 6일 오전 8시에 태어난 사람을 기준으로

사주를 뽑으면 다음과 같이 나옵니다.

년주: 병술(丙戌) → 병화와 술토

월주: 병신(丙申) → 병화와 신금

일주: 무인(戊寅) → 무토와 인목

시주: 병진(丙辰) → 병화와 진토
→ 이렇게 해서 사주팔자의 네 기둥이 완성됩니다.

3) 직접 실습하기

① 먼저, 인터넷이나 앱을 이용해 본인의 출생 정보를 입력합니다.

② 결과로 나오는 년 · 월 · 일 · 시의 천간과 지지를 기록합니다.

③ 종이에 네 기둥을 그려 넣고, 각 기둥 위에는 천간, 아래에는 지지를 적습니다.

④ 이를 토대로, 앞에서 배운 오행의 균형 · 상생 · 상극을 확인해보며 자기 사주를 관찰해봅니다.

4) 주의할 점

사주팔자는 단순히 "좋다, 나쁘다"로 판단하는 도구가 아닙니다.

내 삶의 기질, 성격, 가능성과 한계를 보여주는 지도입니다.

반드시 오행의 흐름과 균형을 보며, 부족한 점은 보완하고 강한 점은 잘 활용하는 태도로 접근해야 합니다.

맺음말

사주팔자를 직접 뽑아보는 것은 단순한 호기심을 넘어서, 나 자신을 돌아보는 중요한 경험입니다.

천간과 지지가 엮어낸 네 기둥 속에서, 우리는 부모와 가문, 성장 과정, 자기 자신, 그리고 미래의 삶까지 비춰볼 수 있습니다.

명상 한 구절

"내 사주는 내 삶의 지도이다.
지도를 펼쳐야 길을 찾을 수 있다."

5부 십성과 관계 맺기

1. 십성이란 무엇인가?

사주명리학에서 **십성(十星)** 은 '열 가지 별'이라는 뜻이지만, 단순히 하늘의 별을 의미하는 것은 아닙니다.

십성은 내가 태어난 **일간(日干)** 을 기준으로, 다른 천간이 어떤 관계에 놓여 있는지를 분류한 체계입니다.

즉, 십성은 **"나와 세상의 관계를 해석하는 열 가지 거울"** 입니다.

1) 십성의 기본 원리

사주 속 모든 천간은 기준이 되는 **일간(日干)** 과 비교하여 해석합니다.

이때 오행의 생극 관계와 음양의 동일·차이에 따라 10가지 관계가 만들어집니다.

예를 들어, 내가 **정화(丁火)** 라면, 금(金)은 내가 극하는 기운이고, 목(木)은 나를 생하는 기운이 됩니다.

이렇게 관계를 분석해 이름 붙인 것이 바로 십성입니다.

2) 십성의 종류

십성은 다섯 가지 관계가 음양으로 나뉘어 열 개가 됩니다.

① 재성(財星) - 내가 극하는 것 (재물, 배우자, 소유)

정재, 편재

② 관성(官星) - 나를 극하는 것 (사회적 규율, 직장, 명예)

정관, 편관

③ 인성(印星) - 나를 생하는 것 (보호, 학문, 정신적 도움)

정인, 편인

④ 식상(食傷) - 내가 생하는 것 (표현, 창조, 자식)

식신, 상관

⑤ 비겁(比劫) - 나와 같은 것 (형제, 친구, 경쟁자)

비견, 겁재

🧑 이렇게 하여 총 10개가 되므로 '십성'이라 부릅니다.

🌐 3) 십성의 의미

　십성은 단순한 기호가 아니라,
인생의 다양한 역할과 관계를 상징합니다.

　재성은 내가 소유하려는 것,

　관성은 나를 제어하는 질서,

　인성은 나를 도와주는 힘,

　식상은 내가 세상에 드러내는 표현,

　비겁은 나와 같은 사람들.

　즉, 십성을 이해한다는 것은 곧 내가 세상과 어떻게 관계 맺고 살아가는지를 이해하는 일입니다.

❖ 맺음말

십성은 사주 속 오행이 만들어내는 관계망입니다.

이 관계망을 알면, 사주가 단순한 기호가 아니라 삶의 인연과 역할의 지도임을 깨닫게 됩니다.

🪷 명상 한 구절

"십성은 나와 세상 사이에 놓인 다리이다.

그 다리를 건너며 삶은 관계 속에서 완성된다."

2. 재성·관성·인성·식상·비겁의 이해

십성은 '나'를 중심으로 세상을 해석하는 거울입니다.
이 장에서는 그 다섯 가지 관계—재성, 관성, 인성, 식상, 비겁—을 구체적으로 살펴보겠습니다.

1) 재성(財星) – 내가 소유하는 것

의미: 내가 극(剋)하는 기운, 즉 내가 다스리고 관리하는 것.

상징: 재물, 재산, 배우자, 생활의 기반.

종류:

정재(正財): 정직하게 얻은 재물, 안정된 직업, 가정적 배우자.

편재(偏財): 우연한 이득, 투자·사업적 재물, 활동적 배우자.

특징: 재성은 삶을 살아가는 물질적 토대이며, 동시에 내가 책임져야 할 대상이기도 하다.

🪷 **명상 한 구절**

"재성은 내가 품고 관리하는 땅이다.
욕심이 아니라 책임일 때 진정한 재물이 된다."

☯ 2) 관성(官星) – 나를 다스리는 힘

의미: 나를 극하는 기운, 즉 나를 제어하고 규율하는 존재.

상징: 직장, 상사, 법, 명예, 사회적 규범.

종류:

정관(正官): 바른 규율, 공정한 제도, 정직한 명예.

편관(偏官): 강한 압박, 도전, 때로는 고난으로 오는 제어.

특징: 관성이 강하면 삶에 규율과 책임이 생기고, 약하면 자유롭지만 방종할 수 있다.

🪷 **명상 한 구절**

"관성은 나를 다스리는 울타리이다.
구속 같지만, 울타리 덕에 길이 선다."

3) 인성(印星) – 나를 돕는 힘

의미: 나를 생(生)하는 기운, 즉 나에게 에너지를 공급하는 존재.

상징: 부모, 스승, 학문, 지식, 정신적 자양분.

종류:

정인(正印): 바른 학문, 안정된 보호, 정통 교육.

편인(偏印): 독창적 아이디어, 변칙적 지식, 자유로운 학습.

특징: 인성은 나의 배움과 보호망이 되어 주지만, 지나치면 의존심이 생기기도 한다.

명상 한 구절

"인성은 나를 감싸는 품이다.
보호 속에서 자라나되, 스스로 일어설 줄 알아야 한다."

4) 식상(食傷) – 내가 드러내는 힘

의미: 내가 생(生)하는 기운, 즉 밖으로 표현하고 드러내는 에너지.

상징: 말, 글, 창작, 재능, 자식, 사회적 생산성.

종류:

식신(食神): 바르고 안정된 표현, 생산적인 창조, 자식복.

상관(傷官): 자유롭고 파격적인 표현, 비판적 언어, 예술적 창조성.

특징: 식상은 나의 표현이자 사회적 산출물. 강하면 재능이 풍부하지만, 지나치면 구설과 갈등이 생긴다.

🪔 명상 한 구절

"식상은 나의 목소리이다.
세상에 내 마음을 드러내는 창문이다."

☯ 5) 비겁(比劫) – 나와 같은 기운

의미: 나와 같은 오행의 기운.

상징: 형제, 친구, 동료, 경쟁자.

종류:

비견(比肩): 동등한 힘, 형제 같은 우정, 협력과 동반자.

겁재(劫財): 경쟁과 다툼, 나의 것을 빼앗는 존재, 그러나 함께 성장하는 자극.

특징: 비겁은 삶에 동료를 주기도 하고, 경쟁자를 주기도 한다. 이를 어떻게 받아들이느냐에 따라 득이 되기도, 실이 되기도 한다.

🪔 명상 한 구절

"비겁은 또 다른 나이다.
함께 걸으면 길동무, 다투면 적수가 된다."

❈ 맺음말

재성·관성·인성·식상·비겁은 단순히 사주 속 기호가 아니라, 삶 속에서 만나는 인연의 다섯 가지 얼굴입니다.

재물, 규율, 배움, 표현, 관계 — 이 다섯 가지가 서로 어울려야 인생의 균형이 잡히고, 한쪽으로 치우치면 삶도 기울게 됩니다.

🪔 명상 한 구절

"십성은 곧 인연의 이름이다.
인연을 알면 삶이 보인다."

3. 십성으로 보는 인간관계

사람은 혼자 살아갈 수 없습니다.

부모, 배우자, 자녀, 친구, 스승, 동료 등 다양한 인연 속에서 삶을 엮어갑니다. 사주명리학에서 십성은 바로 이런 인간관계를 풀어내는 열 가지 거울입니다.

십성을 이해하면, 누가 나를 돕는지, 누가 나를 제어하는지, 어떤 인연이 내 삶의 과제를 주는지 알 수 있습니다.

1) 재성(財星)과의 관계 – 배우자와 재물 인연

재성은 내가 극하는 기운이므로, 내가 소유하고 관리하는 대상입니다.

인간관계에서는 주로 배우자와 재물로 해석됩니다.

정재(正財)는 안정적이고 가정적인 배우자, 편재(偏財)는 활동적이고 외향적인 배우자를 상징합니다.

또한 재성은 '내가 책임져야 할 관계'를 의미하므로, 가정과 일터에서 내가 지켜야 할 약속을 보여주기도 합니다.

🪷 **명상 한 구절**

"재성은 내 곁에 머무는 인연이다.
소유가 아니라 책임으로 지킬 때 진짜 내 사람이 된다."

☯ 2) 관성(官星)과의 관계 – 사회와 권위 인연

관성은 나를 제어하는 힘이므로, 사회적 관계와 깊습니다.

정관(正官)은 올바른 규율과 상사, 제도적 보호를 뜻하고, 편관(偏官)은 강한 도전과 압박, 때로는 시련으로 나타납니다.

배우자 입장에서는 여자의 사주에서 관성이 남편을 상징하기도 합니다.

관성을 통해 우리는 사회와 연결되고, 책임을 배우며, 나를 다듬는 법을 익힙니다.

🪷 **명상 한 구절**

"관성은 나를 다듬는 인연이다.
제어가 곧 성숙의 길이 된다."

3) 인성(印星)과의 관계 – 부모와 스승 인연

인성은 나를 생하는 기운으로, 보호와 가르침을 의미합니다.
정인(正印)은 어머니 같은 보호와 정통 교육, 편인(偏印)은 스승·멘토·자유로운 지식의 인연입니다.

인성이 강하면 늘 도와주는 손길이 곁에 있지만, 지나치면 의존심이 커질 수 있습니다.

인성은 결국 배움과 보호의 인연을 말합니다.

명상 한 구절

"인성은 나를 길러준 인연이다.
보호 속에서 배우고, 배움 속에서 자라난다."

🌱 4) 식상(食傷)과의 관계 – 자녀와 표현 인연

식상은 내가 생하는 기운이므로, 내가 세상에 남기는 것을 의미합니다.

식신(食神)은 자녀, 생산적 활동, 정직한 표현.

상관(傷官)은 예술적 표현, 파격적 창조, 때로는 도전과 갈등.

인간관계에서는 내가 낳아 기르는 자녀, 그리고 내가 세상에 남기는 작품·말·행동으로 연결됩니다.

식상은 곧 표현의 인연이라 할 수 있습니다.

🪔 명상 한 구절

"식상은 내 속마음을 꺼내는 인연이다.
내가 남긴 말과 작품 속에 나는 살아 있다."

🌱 5) 비겁(比劫)과의 관계 – 형제와 친구 인연

비겁은 나와 같은 기운이므로, 형제·친구·동료를 의미합니다.

비견(比肩)은 함께 가는 동료, 겁재(劫財)는 경쟁자이자 때로는 내 것을 빼앗는 자.

하지만 경쟁 속에서 나는 더 단단해지고, 협력 속에서 더 멀리 나아갈 수 있습니다.

비겁은 곧 함께 걷는 인연과 맞서는 인연을 동시에 보여줍니다.

🪷 명상 한 구절

"비겁은 또 다른 나와의 만남이다.
동행이든 경쟁이든, 결국 나를 성장시킨다."

❈ 맺음말

십성을 통해 인간관계를 보면, 삶의 관계가 얽히고설킨 혼란이 아니라 하나의 질서와 의미로 다가옵니다.
재성은 소유와 책임, 관성은 사회와 규율, 인성은 보호와 배움, 식상은 표현과 자녀, 비겁은 동료와 경쟁 — 결국 인생은 이 다섯 관계의 어울림으로 완성됩니다.

🪷 명상 한 구절

"관계는 삶의 또 다른 얼굴이다.
십성은 그 얼굴에 새겨진 인연의 이름이다."

6부 기본 풀이 따라하기

🌿 1. 강한 오행과 약한 오행 찾기

사주풀이의 첫걸음은 내 사주에서 어떤 오행이 강하고, 어떤 오행이 약한지 살펴보는 것입니다.

오행의 균형은 곧 삶의 균형과 직결되며, 불균형은 성격 · 관계 · 건강 · 운명의 흐름에 영향을 줍니다.

◐ 1) 강약을 보는 기준

① 천간과 지지의 분포

네 기둥 속에 목 · 화 · 토 · 금 · 수가 각각 얼마나 들어 있는지 확인합니다.

같은 오행이 여러 번 반복되면 그 기운이 강해집니다.

② 계절의 영향(월령)

태어난 달의 계절이 가장 큰 힘을 가집니다.

예: 봄에 태어난 사람은 목(木)이 강하고, 겨울에 태어나면 수(水)가 강한 편입니다.

③ 생극 관계의 흐름

강한 오행이 다른 오행을 돕고 제어하면서 균형을 이루는지, 혹은 한쪽으로 치우쳐 흐름이 막히는지 살핍니다.

2) 강한 오행의 특징

목(木)이 강할 때: 성장 지향적, 추진력 강함. → 고집이 세고 조급할 수 있음.

화(火)가 강할 때: 열정적, 밝음, 활동적. → 성급하고 과열되기 쉬움.

토(土)가 강할 때: 안정적, 신뢰감, 현실적. → 보수적이고 변화에 둔감.

금(金)이 강할 때: 결단력, 원칙, 의리. → 완고하고 냉정해 보임.

수(水)가 강할 때: 지혜, 포용, 유연. → 우유부단하거나 감정 기복이 심할 수 있음.

3) 약한 오행의 특징

목(木)이 약할 때: 추진력 부족, 결단 어려움. → 계획보다 실행력이 부족.

화(火)가 약할 때: 소극적, 자신감 부족. → 열정이 쉽게 식음.

토(土)가 약할 때: 안정감 부족, 불안정. → 책임감이 약하거나 쉽게 흔들림.

금(金)이 약할 때: 결단력 부족, 우유부단. → 자신을 지키기 어려움.

수(水)가 약할 때: 융통성 부족, 지혜 발휘 어려움. → 고집스럽고 답답한 성향.

4) 보완의 원리

사주에서 강한 오행은 절제해야 하고, 약한 오행은 보완해야 합니다.

강한 오행 → 생활에서 해당 기운을 줄여 균형을 잡는다.

약한 오행 → 색깔, 음식, 환경, 습관을 통해 부족한 기운을 채운다.

예) 수(水)가 약하다면 물가에서 시간을 보내거나 어두운색 계열을 활용하고, 학문이나 명상을 통해 지혜를 기른다.

🟢 맺음말

강하고 약한 오행을 찾는 것은 사주풀이의 첫걸음입니다.

이 과정을 통해 우리는 삶의 치우침을 발견하고, 그것을 보완하는 길을 찾게 됩니다.

사주는 고정된 운명이 아니라,
균형을 향해 나아가도록 돕는 지혜입니다.

🪷 명상 한 구절

"오행의 강약은 삶의 울림이다.
치우침을 알면 균형의 길이 보인다."

2. 성격·적성·직업 간단 해석

사주를 통해 얻을 수 있는 가장 직접적인 통찰은 성격과 적성입니다.
자신의 기질을 알면 삶의 방향을 잡는 데 도움이 되고, 재능과 적성을 이해하면 직업과 관계에서도 올바른 선택을 할 수 있습니다.

1) 오행별 성격과 기질

① 목(木)

성격: 곧고 성장 지향적, 정의감 강함.

적성: 교육, 기획, 디자인, 연구, 나무·환경 관련 직업.

특징: 추진력이 강하나, 고집이 세고 성급할 수 있다.

② 화(火)

성격: 따뜻하고 활발, 열정적이며 표현력이 풍부.

적성: 예술, 공연, 정치, 홍보, 리더십이 필요한 분야.

특징: 밝고 창의적이지만, 쉽게 지치거나 감정 기복이 크다.

③ 토(土)

성격: 안정적, 신중하고 현실적, 책임감이 강함.

적성: 행정, 건설, 농업, 부동산, 상담, 조직 관리.

특징: 든든하나, 보수적이고 융통성이 부족할 수 있다.

④ 금(金)

성격: 원칙적, 결단력, 냉철한 사고.

적성: 법률, 금융, 군사, 기술, 경영.

특징: 정의감이 강하나, 완고하고 차갑게 보일 수 있다.

⑤ 수(水)

성격: 지혜롭고 유연, 사색적이며 포용력이 크다.

적성: 학문, 철학, 무역, 상담, 예술, 심리.

특징: 지혜롭지만, 우유부단하거나 지나치게 소극적일 수 있다.

2) 십성으로 보는 간단 해석

재성(財星)이 강하면 → 현실적, 가정적, 재물운·배우자운이 두드러짐.

관성(官星)이 강하면 → 책임감, 사회적 위치, 규율 중시.

인성(印星)이 강하면 → 배움, 보호, 학문적 성취.

식상(食傷)이 강하면 → 표현력, 창조성, 자녀 인연.

비겁(比劫)이 강하면 → 형제·동료 인연, 경쟁과 협력에 강함.

이렇게 십성과 오행을 함께 보면, 성격과 적성이 더욱 구체적으로 드러난다.

◐ 3) 간단한 해석 예시

예를 들어, 병화(丙火) 일간에 수(水)가 부족하다면:

성격: 열정적이지만 차분함과 지혜가 부족해 성급하다.

적성: 표현과 활동이 중심인 분야에 적합하지만, 협상·조율에는 약하다.

보완: 명상, 물가 활동, 차분함을 길러주는 습관으로 균형 잡기.

❈ 맺음말
사주는 나를 제한하는 틀이 아니라, 나를 이해하고 성장하게 하는 거울입니다.
성격과 적성을 알면 나다운 길을 선택할 수 있고, 부족함을 보완하면 더 큰 조화를 이룰 수 있습니다.

🪔 명상 한 구절

"성격은 기질의 씨앗이고,
적성은 그 씨앗이 피워내는 꽃이다."

🌿 3. 가족·배우자·친구·인연 살펴보기

사주는 단순히 개인의 성격과 적성만을 보여주는 것이 아닙니다.

인간은 관계 속에서 살아가기에, 사주에는 부모와 자식, 배우자와 친구 등 인연의 모습이 함께 담겨 있습니다.

십성은 바로 이런 관계를 해석하는 열쇠가 됩니다.

◐ 1) 부모와의 인연 – 인성(印星)

정인(正印): 안정된 가정, 부모의 보호, 전통적인 교육.

편인(偏印): 자유로운 가정환경, 독특한 부모 인연, 새로운 배움.

부모와의 관계는 나를 지켜주는 울타리이자, 때로는 의존심을 극복해야 할 과제가 되기도 한다.

🪷 명상 한 구절

"부모 인연은 내 삶의 뿌리이다.
보호 속에서 배우고, 떠나면서 자란다."

2) 배우자와의 인연 – 재성(財星)·관성(官星)

남자의 사주에서 재성(財星)은 아내를, 여자의 사주에서 관성(官星)은 남편을 뜻한다.

재성이 강하면 배우자가 생활의 중심이 되고, 관성이 강하면 배우자가 책임과 규율의 힘이 된다.

일지(日支)는 부부궁으로, 배우자와의 관계의 질을 잘 보여준다.

명상 한 구절

"배우자는 내 삶의 거울이다.
함께할 때 삶이 완성된다."

3) 자녀와의 인연 – 식상(食傷)

식신(食神), 상관(傷官)은 자녀를 의미한다.

식신이 강하면 자녀가 안정적으로 잘 자라며, 상관이 강하면 개성이 강하고 예술적 재능이 두드러진다.

식상이 약하면 자녀와의 인연이 약하거나, 자녀를 통한 갈등을 겪을 수 있다.

🪷 명상 한 구절

"자녀는 내가 남긴 또 다른 꽃이다.
사랑과 가르침 속에 피어난다."

☯ 4) 친구와 동료 – 비겁(比劫)

비견(比肩)은 동료와 친구, 협력 관계를 뜻한다.

겁재(劫財)는 경쟁자나 나의 재물을 빼앗는 존재를 의미하지만, 결국 나를 성장시키는 자극제가 되기도 한다.

비겁이 강하면 친구·형제와의 인연이 많고, 약하면 고독하거나 협력 관계가 약하다.

🪷 명상 한 구절

"친구는 또 다른 나다.
함께 걷는 길 위에서 나를 비춘다."

5) 기타 인연 – 귀인과 상극 인연

사주에는 때때로 **귀인(貴人)**의 기운이 있어, 어려울 때 도와주는 인연이 나타나기도 한다.

반대로, 상극의 기운이 강하면 삶에서 갈등과 시험을 주는 인연이 찾아온다.
그러나 결국 모든 인연은 나를 깨우치게 하는 거울이다.

명상 한 구절

"인연에는 우연이 없다.
만남마다 내 삶을 비추는 거울이 된다."

맺음말

사주는 홀로 살아가는 개인의 운명이 아니라, 관계 속에서 얽히고 풀리는 인연의 지도입니다.
부모, 배우자, 자녀, 친구, 귀인, 심지어 원수까지도 내 사주 속에 자리를 가지고 있습니다.
이 모든 인연을 통해 우리는 배우고 성장하며, 결국 나를 완성해 갑니다.

명상 한 구절

"인연은 삶의 스승이다.
만남마다 배움이 되고, 헤어짐마다 깨달음이 된다."

7부 일상에서 활용하기

1. 사주와 건강관리

사주는 단순히 운명을 점치는 도구가 아니라, 삶을 더 건강하고 균형 있게 살아가기 위한 지침서가 될 수 있습니다.

특히 오행의 균형은 곧 신체의 균형과 연결되므로, 사주를 통해 자신의 건강 취약점을 살펴보고 보완할 수 있습니다.

1) 오행과 신체

① 목(木): 간, 담, 근육 → 목이 약하면 스트레스에 민감, 소화불량·간 기능 문제.

② 화(火): 심장, 혈관, 눈 → 화가 약하면 혈액순환 문제, 강하면 고혈압·열성 질환.

③ 토(土): 위장, 비장, 소화기 → 토가 약하면 소화불량, 강하면 비만·소화기 질환.

④ 금(金): 폐, 대장, 피부 → 금이 약하면 호흡기 문제, 강하면 호흡 곤란·피부 트러블.

⑤ 수(水): 신장, 방광, 귀 → 수가 약하면 신장 질환, 강하면 몸이 차고 순환 문제.

2) 강한 오행과 약한 오행의 건강 조언

강한 오행은 → 그 기운을 절제하는 습관 필요.

약한 오행은 → 그 기운을 보완하는 생활습관 필요.

예)

화(火)가 강하다 → 매운 음식, 과로 피하고, 명상·호흡법으로 마음 가라앉히기.

수(水)가 약하다 → 충분한 수분 섭취, 물가에서 걷기, 푸른색 계열 활용.

3) 생활 속 건강 관리

음식: 부족한 오행의 기운을 보충하는 식단 활용.

색상: 의복이나 인테리어 색으로 부족한 기운 보완.

환경: 자연 속에서 부족한 오행의 기운을 채우는 활동.

마음: 지나친 집착과 편중을 내려놓고, 균형을 지향하는 태도.

❖ 맺음말

사주를 건강에 활용한다는 것은 '운명을 피한다'는 의미가 아니라, 자신의 체질적 약점을 알고 미리 보완한다는 의미입니다.

삶은 결국 균형의 문제이고, 오행의 조화가 곧 건강한 삶의 토대가 됩니다.

🪔 명상 한 구절

"몸은 오행의 집이다.
기운이 바르면 건강도 바르게 선다."

2. 사주와 인간관계

사주는 개인의 기질을 넘어, 관계 속에서 드러나는 나의 모습을 알려줍니다.
사람은 혼자 살 수 없기에, 부모 · 배우자 · 자녀 · 친구 · 동료 등과 맺는 인연이 곧 삶의 질을 결정합니다.
사주명리학은 이런 인간관계를 이해하고 조율하는 지혜를 제공합니다.

1) 오행으로 보는 관계 성향

① 목(木): 협력적이고 성장 지향적. → 상대와 함께 발전을 추구하나, 고집이 부드럽지 않으면 갈등.

② 화(火): 따뜻하고 적극적. → 열정적으로 관계를 맺지만, 성급함이 지나치면 다툼.

③ 토(土): 신뢰와 안정 중시. → 책임감이 크지만, 지나치면 답답하고 보수적으로 보임.

④ 금(金): 원칙과 정의 강조. → 신뢰를 주지만, 차갑고 엄격하다는 인상을 줄 수 있음.

⑤ 수(水): 유연하고 포용적. → 이해심 많지만, 우유부단하면 흐름이 끊길 수 있음.

👩 오행의 기운은 관계 맺는 방식이자, 갈등이 생기는 원인을 보여준다.

◯ 2) 십성으로 보는 인간관계

① 재성(財星): 배우자·재물 인연. → 책임과 소유의 관계.

② 관성(官星): 상사·사회적 규율. → 나를 다스리는 관계.

③ 인성(印星): 부모·스승. → 보호와 배움의 인연.

④ 식상(食傷): 자녀·표현. → 내가 세상에 남기는 인연.

⑤ 비겁(比劫): 형제·친구. → 협력과 경쟁의 인연.

👩 십성을 통해 인간관계를 해석하면, 내 주변 사람들이 어떤 역할로 다가오는지 알 수 있다.

3) 관계 속 갈등과 조화

사주가 보여주는 갈등은 피해야 할 불운이 아니라, 조화를 배우는 기회이다.

예: 비겁이 강하면 경쟁과 다툼이 잦지만, 동시에 협력과 성장의 가능성도 크다.

재성이 약하면 배우자 인연이 약할 수 있으나, 스스로 책임을 배우는 과제가 된다.

❖ 맺음말

사주는 관계의 해답을 단정적으로 주지 않습니다.
다만 나의 성향과 상대의 성향을 이해하고, 부족한 점을 채워가며 관계의 균형을 찾도록 안내합니다.
인간관계는 운명이 아니라, 깨달음을 주는 거울입니다.

✦ 명상 한 구절

"관계는 운명이 아니라 인연이다.
이해와 배려가 인연을 복으로 만든다."

🌿 3. 초보자가 꼭 기억해야 할 주의점

사주명리학을 배우다 보면, 흥미가 커질수록 '이제 사람의 운명을 다 알 수 있다'라는 착각에 빠지기 쉽습니다.
하지만 초보자가 반드시 명심해야 할 것은, 사주는 운명을 단정하는 도구가 아니라 삶을 성찰하고 균형을 찾는 지혜라는 사실입니다.

◐ 1) 단정하지 말 것

사주는 확정된 답안지가 아니다.

같은 사주라도 환경·노력·시대에 따라 삶의 양상은 달라진다.

"당신은 반드시 이렇게 된다"는 식의 단정은 오히려 해가 된다.

🪷 명상 한 구절

"사주는 길을 비추는 등불이지,
이미 정해진 종착지는 아니다."

2) 겉모습만 보고 판단하지 말 것

오행의 강약만 보고 단순히 좋다·나쁘다로 평가하면 오류에 빠진다.

강한 오행도 상황에 따라 장점이 되고, 약한 오행도 보완하면 지혜가 된다.

전체 구조와 균형 속에서 해석해야 한다.

명상 한 구절

"치우침이 곧 약점은 아니다.
균형을 찾는 길이 곧 지혜다."

3) 두려움 대신 보완의 눈으로 볼 것

사주에서 불리한 기운이 보이더라도 두려워할 필요가 없다.

부족한 것은 채우면 되고, 지나친 것은 줄이면 된다.

사주는 운명을 무서워하기보다 지혜롭게 살아가기 위한 지도이다.

🪷 명상 한 구절

"사주를 보는 눈은 두려움이 아니라 깨달음이다."

◯ 4) 실생활과 연결할 것

이론에만 머물지 말고, 일상 속에서 오행의 흐름을 체험하라.

자연의 계절, 사람과의 관계, 감정의 변화 속에서 사주 공부를 실감할 수 있다.

일상의 경험과 함께할 때 비로소 공부가 살아난다.

🪷 명상 한 구절

"배움은 책 속에만 있지 않다.
삶 속에서 체험될 때 진짜 지혜가 된다."

8부 실전 사례 풀이

🌿 1. 역사적 인물의 사주 간단 해석

사주명리학은 이론만으로는 쉽게 체득되지 않습니다.

실제 인물의 사주를 살펴보며, 그 삶과 연결해 이해하는 과정이 필요합니다.

역사적 인물의 사주는 이미 결과가 드러난 삶이기에, 이론을 확인하고 공부하는 데 좋은 교재가 됩니다.

◐ 1) 세종대왕(世宗大王, 1397년 음력 4월 10일 진시생)

甲(갑목) 壬(임수) 乙(을목) 丁(정화) 건명
辰(진토) 辰(진토) 巳(사화) 丑(축토)

사주 간단 특징: 세종은 목(木)과 화(火)의 기운이 조화를 이루고
대운에서 인성(印星)이 강해져서 학문과 지혜가 넘쳤습니다.

해석: 백성을 이롭게 할 정책을 펼 수 있었던 것은 대운에서 강한 인성의 조력과 균형 잡힌 오행 덕분이라 볼 수 있습니다.

인성은 학문·보호·지식의 별이므로, 훈민정음을 창제한 업적과 잘 맞아떨어집니다.

교훈: 인성이 바르게 쓰이면, 배움이 세상에 빛이 됨을 알 수 있습니다.

2) 이순신 장군(李舜臣, 1545년 음력 3월 8일 자시생)

乙(을목) 庚(경금) 辛(신금) 壬(임수) 건명
巳(사화) 辰(진토) 丑(축토) 辰(진토)

사주 간단 특징: 대운에서 관성(官星)기운이 협조하고 강한 금(金)의 기운이 자리하여, 의리와 책임감이 두드러집니다.

해석: 관성이 강하면 책임과 규율을 중시하게 되고, 금의 단단한 기운은 흔들림 없는 결단력으로 드러납니다.
나라가 위기에 처했을 때 끝까지 버티고 싸울 수 있었던 원동력입니다.

교훈: 관성과 금의 기운은 어려움 속에서도 원칙과 정의를 지키게 합니다.

3) 고 박정희 대통령(1917년 양력 11월 14일 인시생)

戊(무토) 庚(경금) 辛(신금) 丁(정화) 건명
寅(인목) 申(신금) 亥(해수) 巳(사화)

오행분포

金: 경금일간, 월간 신금, 지지에 신금과 각 지지 중 금과 관련한 요소들이 강하여 금기가 매우 강한 사주로 평가됨.

水: 해수가 있음

木: 인목이 있음

火: 년주의 정사화

土: 사주의 무토, 기타 지장간에 토 용소 있음.

요약하자면 금과 수의 기운이 강하고 목과 화의 기운은 보조적이며 토는 중간 정도 혹은 보조 역할을 크다고 평가할 수 있음.
금 기운이 강하여 자신의 뜻을 밀고 나가는 힘이 컸고 목과 화가 약한 면을 보완하거나 극복하려는 노력이 운에서 나타났다.

4) 고 노무현 대통령(1946년 음력 8월 6일 진시생)

丙(병화) 戊(무토) 丙(병화) 丙(병화) 건명
辰(진토) 寅(인목) 申(신금) 戌(술토)

오행분포

火: 병화가 세 개 자리하여 불의 기운이 강하고 뜨거움. 열정, 추진력, 직설적 성향을 나타냄.

土: 일간이 무토, 년지 술토, 시지 진토 등 토 기운도 강함. 현실감각, 책임감, 끈기

木: 일지 인목으로 개혁적 사고, 성장. 확장. 사람을 살리는 힘.

金: 월지 신금으로 의지 결단. 변화, 강한 정신력

水: 상대적으로 약하여 유연함이나 감정적 완충력이 부족할 수 있음

정리하면 강한 화와 토의 조합 속에서 개혁 정신, 대중성, 정의감이 불타는 명식이며 동시에 많은 충과 형으로 인해 삶의 굴곡과 고난이 따를 수밖에 없다.

❄ 맺음말

역사적 인물들의 사주를 통해, 이론이 어떻게 실제 삶과 맞물리는지 살펴볼 수 있습니다.

사주는 단순히 운명을 예측하는 도구가 아니라, 삶을 이해하는 지혜의 지도입니다.

그들의 삶이 우리에게 주는 울림은 곧 사주 공부의 또 다른 즐거움이 됩니다.

🪷 명상 한 구절

"역사 속 인물의 사주는 우리에게 길을 비춘다.
삶과 배움은 언제나 함께한다."

2. 주변에서 흔히 볼 수 있는 사주 예시

사주명리학은 유명한 역사적 인물만을 연구하는 학문이 아닙니다.
오히려 우리가 매일 만나는 이웃, 친구, 가족의 사주를 통해 더 생생하게 다가옵니다.
주변에서 자주 볼 수 있는 사주의 예시를 통해, 초보자가 실제로 사주를 읽는 감각을 익힐 수 있습니다.

1) 오행이 한쪽으로 치우친 사주

특징: 예를 들어, 목(木) 기운이 지나치게 많고 금(金)이 거의 없는 경우.

해석: 추진력과 성장 의지가 강하지만, 제어가 없어 무리하거나 충돌이 많을 수 있다.

현실 사례: 늘 새로운 일을 시작하려 하고, 열정은 넘치지만 자주 부딪히는 사람.

교훈: 균형을 위한 제어가 필요하다. "멈춤을 배우는 것도 전진의 지혜이다."

2) 오행이 고르게 분포된 사주

특징: 목·화·토·금·수가 모두 균형 있게 자리한 경우.

해석: 성격이 원만하고, 상황에 따라 융통성 있게 대처한다.

현실 사례: 대인관계가 원만하고, 어디서든 무난하게 인정받는 사람.

교훈: 균형은 장점이지만, 특별히 두드러진 강점이 부족할 수 있다.

명상 한 구절

"균형은 삶을 조화롭게 하지만,
때로는 과감한 결단이 필요하다."

3) 재성이 강한 사주

특징: 재성이 여러 개 자리하여 재물·생활 기반의 기운이 두드러짐.

해석: 현실적이고 책임감 있으며, 경제 감각이 뛰어나다.

현실 사례: 사업이나 가정 경제를 안정적으로 꾸려가는 사람.

교훈: 재성이 지나치면 물질에 집착하거나 관계를 소유물로 바라볼 위험이 있다.

4) 관성이 약한 사주

특징: 관성이 거의 없는 경우.

해석: 규율과 책임에서 자유롭지만, 사회적 구속을 잘 따르지 않는다.

현실 사례: 자유로운 예술가, 창작자, 혹은 독립적인 생활을 지향하는 사람.

교훈: 규율을 배우고 책임감을 기르는 훈련이 필요하다.

5) 인성이 강한 사주

특징: 인성이 많아 배우고 의지하는 힘이 강함.

해석: 학문·예술·연구에 재능이 있으나, 지나치면 의존적일 수 있음.

현실 사례: 늘 배우려 하고, 스승이나 멘토를 잘 따르는 사람.

교훈: 배움은 중요한 자산이지만, 스스로 서는 힘도 길러야 한다.

❖ 맺음말

주변 사람들의 사주를 가볍게 살펴보면, 책 속 이론이 현실에서 어떻게 작동하는지 더 잘 이해할 수 있습니다.

사주는 추상적 학문이 아니라, 삶의 이야기 속에서 살아 움직이는 지혜입니다.

⚜ 명상 한 구절

"사주는 멀리 있지 않다.
내 옆의 사람 속에서, 나의 일상 속에서 살아 있다."

3. 오행의 불균형 사례와 보완 방법

사주명리학에서 가장 중요한 것은 오행의 균형입니다.
그러나 실제로는 다섯 기운이 고르게 분포된 사주는 드뭅니다.
대부분 한쪽으로 치우치거나, 특정 오행이 부족한 경우가 많습니다.
이 불균형을 어떻게 이해하고 보완하느냐가 삶을 지혜롭게 사는
핵심입니다.

1) 목(木)이 지나치게 강하거나 약할 때

강할 때: 추진력은 좋으나 성급하고 고집스러워 갈등이 잦다.

보완 방법: 금(金)의 기운을 통해 절제 배우기 → 규율·원칙을 중시하는 습관.

약할 때: 의욕 부족, 결단력이 약하다.

보완 방법: 나무와 자연, 푸른색을 생활에 가까이 두기. 새로운 계획을 꾸준히 실행하는 습관.

2) 화(火)가 지나치게 강하거나 약할 때

강할 때: 열정적이지만 과열로 건강·관계 문제. 성급함이 많다.

보완 방법: 물(水)의 기운으로 마음을 차분히. 명상, 호흡법, 물가에서 걷기.

약할 때: 활력이 부족하고 소극적.

보완 방법: 붉은 계열의 색상, 햇볕 쬐기, 적극적으로 표현하는 연습.

3) 토(土)가 지나치게 강하거나 약할 때

강할 때: 안정적이지만 지나치면 답답하고 고집스러움.

보완 방법: 수(水)의 지혜와 유연성 배우기. 다양한 경험으로 시야 넓히기.

약할 때: 불안정하고 책임감 부족.

보완 방법: 흙을 가까이하기, 원예·농사 체험. 현실적인 작은 목표 세우기.

4) 금(金)이 지나치게 강하거나 약할 때

강할 때: 냉정하고 완고, 관계에서 단절을 주기도 함.

보완 방법: 화(火)의 따뜻함을 배우기. 감정 표현과 대화 늘리기.

약할 때: 우유부단, 자기 방어력이 약함.

보완 방법: 규칙적인 생활, 원칙 세우기, 단호한 결정 훈련.

5) 수(水)가 지나치게 강하거나 약할 때

강할 때: 감정 기복 심하고 지나치게 소극적.

보완 방법: 토(土)의 안정감을 배우기. 현실적 책임과 일상 규율 중시.

약할 때: 지혜와 포용 부족, 융통성 없음.

보완 방법: 물과 관련된 생활 습관. 독서, 사색, 예술적 활동으로 유연성 기르기.

❈ 맺음말

오행의 불균형은 단점이 아니라, 나에게 주어진 성찰과 성장의 과제입니다. 부족한 것은 채우고, 넘치는 것은 줄이는 지혜가 곧 사주 공부의 목적입니다.

삶은 완벽함이 아니라 균형을 향해 나아가는 여정입니다.

🪷 명상 한 구절

"불균형은 부족함이 아니라 과제이다.
그 과제를 풀어갈 때 삶은 조화를 이룬다."

9부 사주와 삶의 주제들

1. 사주와 직업 선택

사람은 누구나 자신의 성향과 적성에 맞는 일을 할 때 가장 빛납니다.
사주명리학은 직업을 미리 정해주는 운명론이 아니라, 내 기질과 성향에 맞는 길을 찾도록 돕는 지도입니다.

1) 오행과 직업 성향

①목(木)

성향: 성장, 기획, 교육, 창의.

직업: 교사, 기획자, 연구원, 환경·나무 관련 일.

교훈: 늘 새로움을 추구하지만, 끈기와 마무리를 배워야 한다.

②화(火)

성향: 열정, 표현, 활동.

직업: 예술, 연예, 홍보, 정치, 상담, 지도자.

교훈: 창조적이지만, 과열되지 않도록 절제가 필요하다.

③토(土)

성향: 안정, 현실, 관리.

직업: 행정, 건축, 부동산, 상담, 조직 운영.

교훈: 든든하지만, 융통성을 배우면 더 큰 성과를 얻는다.

④금(金)

성향: 규율, 결단, 기술.

직업: 법률, 군인, 경찰, 금융, 금속·기계 기술자.

교훈: 원칙적이지만, 지나친 완고함을 줄이면 더 넓게 인정받는다.

⑤수(水)

성향: 지혜, 포용, 유연.

직업: 학문, 철학, 무역, 언론, 예술·심리 상담.

교훈: 지혜롭지만, 실행력과 결단을 보완해야 한다.

2) 십성과 직업 연관

재성(財星): 현실적, 경제적 감각 → 사업, 경영, 재무 관련 직업.

관성(官星): 규율·책임 → 공직, 행정, 법조계, 군·경찰.

인성(印星): 배움·보호 → 교사, 학문, 연구, 종교·상담.

식상(食傷): 표현·창조 → 예술, 글쓰기, 미디어, 교육, 자녀 관련 직업.

비겁(比劫): 협력·경쟁 → 영업, 팀워크 중심 직업, 동업.

3) 사례적 관점

재성이 강한 사람: 사업이나 가정경제에 강점. 그러나 지나친 재성은 돈에만 매달릴 수 있음.

관성이 강한 사람: 책임감과 조직 생활에 적합. 단, 유연성이 부족할 수 있음.

인성이 많은 사람: 학문과 상담에 적합. 그러나 지나치면 실행력이 약해짐.

식상이 강한 사람: 표현과 창작에 유리. 지나치면 구설이나 반항심으로 이어질 수 있음.

비겁이 강한 사람: 협력과 경쟁에 강함. 그러나 동업·재물 문제에 주의 필요.

❈ 맺음말

사주는 직업을 '정해주는' 것이 아니라,

내 성향과 기질을 이해하여 어떤 길에서 더 즐겁고 의미 있게 살 수 있는지를 알려줍니다.

직업은 생계의 수단이면서 동시에 자기 실현의 장입니다.

사주는 그 길을 지혜롭게 선택하도록 돕는 나침반입니다.

🪷 명상 한 구절

"직업은 단순한 일이 아니라,

나를 드러내는 또 하나의 길이다."

2. 사주와 재물 운용

　재물은 삶을 살아가는 데 꼭 필요한 기반이지만, 때로는 욕심과 집착으로 삶을 무겁게 하기도 합니다.

　사주명리학에서 재물은 단순한 돈이 아니라, 내가 소유하고 관리해야 할 삶의 책임과 자원을 의미합니다.

　따라서 사주를 통해 재물의 흐름을 보는 것은, 곧 내가 재물과 어떤 관계를 맺고 있는지를 살피는 공부입니다.

1) 재성과 재물 운

① 정재(正財)

정직하게 얻은 재물, 안정된 직업, 꾸준한 수입.

생활 기반이 튼튼하고, 책임감이 강하다.

지나치면 안정에만 안주하여 기회를 놓칠 수 있음.

② 편재(偏財)

투자, 사업, 우연한 기회로 얻는 재물.

활동적이고 사교성이 강하다.

지나치면 모험심이 과해 손실을 볼 수 있음.

🙇 재성의 많고 적음, 강약에 따라 재물 관리 방식과 성향이 크게 달라진다.

2) 오행과 재물의 흐름

① 목(木) 재성: 계획과 성장 중심의 재물 → 장기 투자, 교육 관련 재물.

② 화(火) 재성: 활발한 활동 속에서 얻는 재물 → 홍보, 공연, 거래로 얻는 수익.

③ 토(土) 재성: 안정적이고 현실적인 재물 → 부동산, 토지, 행정 기반 수입.

④ 금(金) 재성: 법칙과 질서 속에서 얻는 재물 → 금융, 무역, 금속·기계 관련 수익.

⑤ 수(水) 재성: 흐름과 네트워크 속의 재물 → 유통, 무역, 정보산업.

3) 재물 운용의 지혜

많다고 좋은 것만은 아니다: 재성이 지나치면 오히려 재물에 끌려다니고, 인간관계가 이해득실로 흐를 수 있다.

적다고 나쁜 것도 아니다: 재성이 적어도, 다른 오행과의 조화를 통해 충분히 재물 운을 열 수 있다.

중요한 것은 태도: 돈을 어떻게 벌고, 어떻게 쓰는가가 곧 그 사람의 운명을 바꾼다.

4) 생활 속 조언

재성이 강한 사람 → 재물 관리 습관을 바로 세우고, 나눔과 베풂을 통해 균형을 잡을 것.

재성이 약한 사람 → 작은 재물이라도 책임감 있게 관리하는 습관을 들일 것.

누구나 → 재물은 내 것이 아니라 잠시 맡겨진 자원임을 기억할 것.

❖ 맺음말
사주명리학은 재물을 단순히 많고 적음으로 판단하지 않습니다.
 재물은 책임과 인연의 무게이며, 올바르게 운용할 때 삶의 행복으로 이어집니다.
 재성은 욕심의 별이 아니라, 나눔과 책임의 별임을 잊지 않는 것이 중요합니다.

⚜ 명상 한 구절

"재물은 소유가 아니라 맡김이다.
맡은 바를 지혜롭게 쓰는 것이 진짜 복이다."

3. 사주와 인연 (결혼·친구·귀인)

인생은 결국 인연의 그물망 속에서 이루어집니다.

사주명리학은 나 혼자의 성격과 운세를 보는 것을 넘어, 내가 어떤 인연을 맺고 살아가는지를 보여줍니다.

결혼, 친구, 귀인(도와주는 인연) 등은 모두 십성을 통해 구체적으로 드러납니다.

1) 결혼 인연 – 배우자와의 관계

남자의 사주: 재성(財星)이 아내를 상징합니다.

정재: 안정적이고 가정적인 배우자.

편재: 활발하고 외향적인 배우자.

여자의 사주: 관성(官星)이 남편을 상징합니다.

정관: 책임감 있고 안정적인 남편.

편관: 도전적이고 추진력 있는 남편.

배우자궁(日支): 배우자와의 실제 관계를 가장 잘 보여주는 자리입니다.

👲 배우자 인연은 단순히 좋고 나쁨의 문제가 아니라, 서로의 기질을 이해하고 맞춰가는 과정입니다.

2) 친구 인연 – 동료와 협력

비겁(比劫)이 친구와 동료를 의미합니다.

비견: 협력적이고 형제 같은 친구.

겁재: 경쟁적이지만, 나를 성장시키는 친구.

비겁이 강하면 친구·동료 인연이 많고, 약하면 혼자 가는 길이 많습니다.

👲 친구 인연은 협력과 경쟁이 함께할 때 더 큰 성취를 이룹니다.

3) 귀인 인연 – 도와주는 사람

귀인(貴人)은 특별히 나를 돕는 인연입니다.

특정 지지(地支)에 귀인성이 있거나, 사주의 균형을 맞춰주는 인연이 나타날 때 귀인을 만납니다.

귀인은 우연히 다가오는 것이 아니라, 내가 어떤 태도로 살아가느냐에 따라 그 길이 열리기도 하고 닫히기도 합니다.

👧 귀인은 사주 속에 씨앗처럼 존재하지만, 그것을 키우는 것은 나의 삶의 태도입니다.

4) 인연의 교훈

결혼은 책임과 조화의 인연,

친구는 협력과 경쟁의 인연,

귀인은 나를 성장시키는 인연입니다.
사주명리학은 이 모든 인연을 나를 비추는 거울로 이해하게 합니다.

❖ **맺음말**

인연은 단순히 '좋은 사람을 만나는가'의 문제가 아닙니다.
사주가 보여주는 인연은 배우고 성장하게 하는 과정입니다.
결혼, 친구, 귀인 — 이 모든 만남이 결국은 나를 완성해 주는 스승입니다.

🪷 **명상 한 구절**

"인연은 삶이 내게 보낸 스승이다.
만남마다 배우고, 헤어짐마다 성장한다."

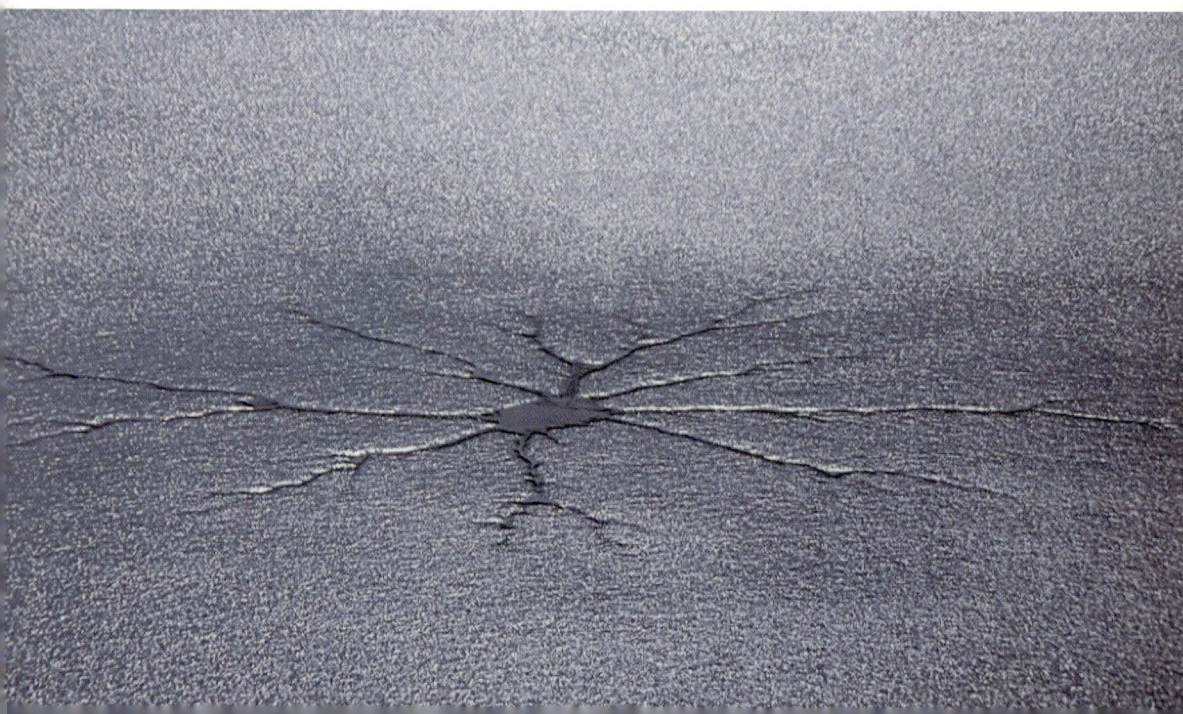

10부 사주와 수행적 성찰

🌿 1. 불교적 관점에서 본 인연과 업

사주명리학은 동양의 지혜에서 비롯된 학문으로, 불교와도 깊은 공명을 이룹니다.

불교에서는 모든 존재가 **인연(因緣)**으로 생겨나고, **업(業)**의 결과로 삶을 이어간다고 가르칩니다.

사주는 바로 이 인연과 업의 흐름을 오행과 십성을 통해 드러내는 도구라 할 수 있습니다.

◐ 1) 인연의 법칙과 사주

불교에서 말하는 인연은 "조건이 모이면 나타나고, 조건이 흩어지면 사라진다"는 법칙입니다.

사주 속 오행과 십성은 내가 어떤 조건 속에서 태어났는지를 보여줍니다.

즉, 사주는 인연이 빚어낸 '현재의 모습'을 설명해 주는 하나의 지도입니다.

2) 업(業)과 사주의 만남

업은 내가 지은 행위와 마음이 쌓여 남긴 흔적입니다.

사주가 보여주는 강약과 성향은, 전생과 현생의 업이 어떤 방식으로 나타나는지 설명하는 하나의 상징입니다.

그러나 업은 고정된 것이 아니라, 현재의 선택과 실천으로 바뀔 수 있습니다.

🧑 사주는 업을 드러내지만, 불교는 그 업을 바꾸는 길(수행)을 제시합니다.

3) 불교와 사주 공부의 만남

불교의 인연법과 사주의 오행 이치는 서로 다른 길이 아니라, 같은 진리를 다른 언어로 표현한 것이라 할 수 있습니다.

사주는 나의 기질을 알게 하고, 불교는 그 기질을 바르게 쓰는 길을 안내합니다.

둘은 함께할 때, 운명을 두려워하지 않고 지혜롭게 살아가는 힘을 줍니다.

❖ 맺음말

사주명리학과 불교의 가르침은 결국 하나의 지혜로 귀결됩니다.

사주는 인연의 조건을 보여주고, 불교는 그 조건을 초월하여 자유로워지는 길을 가르칩니다.

인연과 업을 바르게 이해할 때, 우리는 운명을 두려워하지 않고 삶을 지혜롭게 살 수 있습니다.

🪷 명상 한 구절

"사주는 인연을 보여주고,
불교는 그 인연을 해탈로 이끈다."

2. 사주 공부와 명상 수행의 만남

사주명리학은 단순히 운명을 읽는 기술에 머물지 않습니다.

그 배움은 곧 자기 성찰로 이어지고, 이는 불교의 명상과 수행과 깊이 맞닿아 있습니다.

사주를 공부하며 마음을 들여다보는 것은 곧 수행의 한 방법이 될 수 있습니다.

1) 사주와 명상의 공통점

자기를 들여다봄: 사주는 오행과 십성을 통해 나의 기질을 비추고, 명상은 마음을 고요히 하여 내면을 비춥니다.

균형을 찾음: 사주는 오행의 균형을, 명상은 욕망과 번뇌의 균형을 추구합니다.

집착을 내려놓음: 사주는 부족과 넘침을 보완하게 하고, 명상은 집착 자체를 비워내게 합니다.

2) 수행의 눈으로 사주를 바라볼 때

사주를 '좋다 · 나쁘다'로만 보지 않고, 배움의 과제로 받아들입니다.

강한 기운은 수행을 통해 절제하고, 약한 기운은 수행을 통해 보완할 수 있습니다.

예: 화(火)가 강하면 분노와 집착을 내려놓는 수행이 필요하고, 수(水)가 약하면 지혜와 사색을 기르는 수행이 도움이 됩니다.

3) 사주와 명상 실천의 만남

사주를 공부하면서 동시에 명상을 실천하면, 이론이 삶 속에서 살아납니다.

예: 목(木)이 부족하다면 매일 아침 산책하며 자연의 기운을 느끼는 것이 명상이 되고,
토(土)가 강하다면 내려놓고 흘려보내는 호흡 수행이 균형을 맞추는 방법이 됩니다.

이렇게 사주와 수행은 서로를 보완하며, 삶의 지혜를 더 깊게 만듭니다.

❖ 맺음말

사주 공부는 머리로만 하는 것이 아니라, 삶 속에서 실천해야 완성됩니다.

명상과 수행은 그 실천의 길을 열어 줍니다.

사주가 나의 기질을 알려주는 거울이라면, 명상은 그 거울 속 자신을 바르게 세워주는 힘입니다.

명상 한 구절

"사주는 나를 알게 하고,
명상은 나를 바꾸게 한다."

🌿 3. 사주를 통한 자기 성찰과 자비 실천

사주명리학은 단순히 운세를 보는 도구가 아닙니다.

내 삶을 성찰하고, 타인을 이해하며, 나아가 자비를 실천하는 길로 이어질 수 있습니다.

이것이야말로 사주 공부가 수행과 만나는 지점입니다.

☯ 1) 자기 성찰의 거울

사주는 내 기질과 성향을 적나라하게 보여줍니다.

강한 점은 자만하지 않도록, 약한 점은 부끄러워하지 않도록 일깨워줍니다.

내가 누구인지 알 때, 욕망과 집착에서 조금 더 자유로워집니다.

👩 사주는 자기 성찰의 거울입니다.

2) 타인을 이해하는 지혜

사주를 알면 타인의 성격과 선택을 더 깊이 이해할 수 있습니다.
상대의 부족함은 비난이 아니라, 그의 사주가 지닌 과제임을 알게 됩니다.

이해가 깊어지면 갈등은 줄고, 관계 속 자비심이 넓어집니다.

사주는 자비를 배우는 길이 됩니다.

3) 자비 실천으로 이어지는 공부

사주를 통해 사람을 단정하거나 차별해서는 안 됩니다.

오히려 각자의 삶에 담긴 인연과 업을 존중하며,
"어떻게 도와줄 수 있을까?" 하는 마음으로 다가가야 합니다.

불교의 가르침과 같이, 사주는 중생을 돕는 지혜의 또 다른 언어입니다.

맺음말
사주는 나만을 위한 학문이 아니라, 나와 세상을 함께 밝히는 길입니다.

내 사주를 성찰하며 나를 바꾸고, 타인의 사주를 이해하며 자비로 다가갈 때, 사주 공부는 곧 불교 수행과 다르지 않은 삶의 실천이 됩니다.

🪷 명상 한 구절

"사주는 성찰의 거울이고, 자비의 문이다.
나를 알고 세상을 품을 때 비로소 공부가 완성된다."

11부 사주와 현대 사회

1. 현대인의 삶과 사주의 의미

옛사람들에게 사주명리학은 자연의 흐름과 함께 살아가기 위한 지혜였습니다.

그러나 오늘날에도 사주는 여전히 의미가 있습니다.

빠르게 변하는 현대 사회 속에서 사주는 자기를 이해하고 균형을 찾는 도구로 다시 빛나고 있습니다.

1) 경쟁 사회에서의 자기 이해

현대인은 치열한 경쟁과 바쁜 일상 속에서 자기 자신을 잃기 쉽습니다.

사주는 내가 가진 기질과 한계를 보여줌으로써, 불필요한 비교와 조급함에서 벗어나게 돕습니다.

"나는 왜 이 길이 힘든가?", "나는 어떤 환경에서 더 빛나는가?"에 대한 해답을 제시합니다.

2) 정보 과잉 시대의 나침반

현대 사회는 수많은 선택지와 정보로 넘쳐납니다.
사주는 내 기질과 성향에 맞는 길을 찾도록 나침반 역할을 합니다.

이는 맹목적인 운명론이 아니라, 자기 선택을 지혜롭게 돕는 길잡이입니다.

3) 관계의 복잡성 속에서의 조화

오늘날 인간관계는 가족, 직장, 사회적 네트워크로 복잡하게 얽혀 있습니다.

사주는 재성·관성·비겁 등 십성을 통해 내가 어떤 관계에서 강점을 가지며, 어떤 관계에서 갈등을 겪는지 보여줍니다.

이로써 관계를 이해하고 조율하는 지혜를 얻게 됩니다.

4) 현대 사회 속에서의 영성 회복

물질적 풍요 속에서 마음은 오히려 피로와 허무를 느끼기 쉽습니다.

사주 공부는 단순한 점술이 아니라, 내 삶을 성찰하고 영성을 회복하는 공부입니다.
이는 곧 현대인의 마음 치유와 삶의 방향 제시에 큰 의미가 있습니다.

❖ 맺음말

사주명리학은 옛 학문이 아니라, 지금 이 순간에도 유효한 삶의 지혜입니다.
현대 사회가 복잡하고 빠를수록, 자기 이해와 균형이 더 절실해집니다.
사주는 바로 그 길을 열어주는 또 하나의 열쇠입니다.

🪷 명상 한 구절

"시대가 바뀌어도 사람은 스스로를 찾아야 한다.
사주는 그 길을 비추는 오래된 등불이다."

2. 사주와 직장. 사회관계

현대인의 대부분은 하루의 많은 시간을 직장과 사회 속에서 보냅니다.

따라서 사주를 직장·사회 관계 속에서 어떻게 활용할 수 있는지를 이해하는 것은 매우 중요합니다.

사주는 단순한 개인의 성격 해석을 넘어, 협력과 갈등, 조직 속에서의 역할을 드러내 줍니다.

1) 오행으로 보는 직장 관계

① 목(木): 성장과 기획. → 새로운 아이디어를 제안하고 추진하는 데 강점.

② 화(火): 표현과 열정. → 활발한 소통, 분위기 메이커. 다만 성급하면 갈등이 생김.

③ 토(土): 안정과 책임. → 든든한 중심축, 신뢰를 받음. 그러나 융통성이 부족할 수 있음.

④ 금(金): 규율과 원칙. → 조직의 질서를 지키고, 정의감을 보여줌.

완고함은 조율 필요.

⑤ 수(水): 지혜와 유연. → 협상, 중재, 정보 수집에 강점. 우유부단함은 약점.

🙍 직장 속 인간관계는 오행의 성향이 부딪히고 어울리며 만들어진다.

☯ 2) 십성으로 보는 사회적 역할

재성(財星): 책임감과 경제 감각 → 조직의 실무, 재정 관리, 안정적 운영.
관성(官星): 규율과 권위 → 리더십, 공직, 책임 있는 자리.

인성(印星): 보호와 배움 → 연구, 교육, 멘토 역할.

식상(食傷): 창의와 표현 → 홍보, 기획, 예술·창작 분야.

비겁(比劫): 협력과 경쟁 → 영업, 팀워크, 동료애 중심 역할.

🙍 십성의 조화는 곧 직장에서 맡는 역할의 성향과 맞닿아 있다.

3) 직장에서의 갈등과 조화

관성이 강한 사람: 규율과 책임을 강조하다 보니 부하 직원과 갈등할 수 있음.

비겁이 강한 사람: 동료와 협력은 잘하지만, 재물이나 권한 문제에서 경쟁이 잦음.

식상이 강한 사람: 표현력이 뛰어나지만, 상사에게 반항적인 태도로 비칠 수 있음.

재성이 강한 사람: 재정적 책임감은 크지만, 물질적 이해관계에 집착할 수 있음.

👧 갈등은 사주 속 불균형에서 비롯되지만, 이를 이해하면 오히려 조율과 협력의 길을 열 수 있다.

4) 사회 속 사주의 의미

현대 사회는 개인의 능력만이 아니라, 협력과 관계의 조화를 중시한다.
사주는 내가 어떤 관계에서 강점을 가지며, 어디서 주의해야 하는지를 알려줌으로써 사회생활에 지혜로운 길잡이가 된다.

이는 단순한 운세 풀이가 아니라, 관계의 지혜를 배우는 공부이다.

❈ 맺음말

사주명리학은 직장과 사회 속에서 나를 더 깊이 이해하고, 타인의 성향을 배려하며 협력할 수 있도록 돕습니다.
조직 속 갈등은 불운이 아니라, 서로 다른 기질이 만나는 자리에서 오는 자연스러운 현상입니다.
이를 이해하고 조율할 때, 직장과 사회 속 삶은 한층 더 원만해집니다.

🪷 명상 한 구절

"사회는 오행의 장(場)이다.
다름을 이해할 때 관계는 조화로워진다."

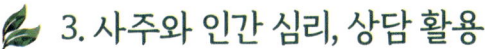 3. 사주와 인간 심리, 상담 활용

현대 사회에서 사주명리학은 단순히 운명을 풀이하는 도구를 넘어, 인간의 심리를 이해하고 상담에 활용할 수 있는 지혜로 확장되고 있습니다.

사람은 누구나 자기 마음을 알고 싶어 하고, 관계 속에서 상처받으며 살아갑니다.

사주는 이러한 마음을 비추는 또 하나의 거울이 될 수 있습니다.

1) 사주와 심리 이해

사주는 기질을 통해 마음의 경향성을 보여줍니다.

예: 화(火)가 강한 사람은 열정적이지만 쉽게 분노할 수 있고, 수(水)가 강한 사람은 깊이 생각하지만 우울감에 빠지기 쉽습니다.

십성을 통해서도 심리적 패턴을 알 수 있습니다.

인성이 강한 사람 → 의존과 보호욕이 심리적 핵심.

식상이 강한 사람 → 표현 욕구와 인정 욕구가 심리적 핵심.

관성이 강한 사람 → 책임감과 규율에 대한 압박감이 심리적 핵심.

👧 심리는 곧 사주의 기질과 연결되어 있습니다.

☯ 2) 상담 도구로서의 사주

사주 상담은 단순히 미래를 예언하는 것이 아닙니다.

"당신의 기질은 이러하니, 이런 상황에서 힘들 수 있다" 하고 비춰줌으로써 자기 이해를 돕습니다.

특히 초보 상담자는 단정하지 않고, 심리적 공감과 성찰의 도구로 사주를 활용해야 합니다.

예: "당신은 수(水)가 약해서 관계에서 융통성이 부족할 수 있는데, 이를 보완하면 더 원만해집니다."

3) 현대 심리학과의 접점

심리학은 마음을 과학적으로 분석하고, 사주는 상징적으로 해석합니다.

두 길은 다르지만, 모두 인간 이해라는 같은 목표를 지니고 있습니다.

사주는 개인의 기질적 패턴을 보여주고, 심리학은 그 기질이 어떻게 사회 속에서 작동하는지를 분석합니다.

이를 함께 활용하면 상담과 치유가 더 풍성해집니다.

4) 상담 시 주의할 점

사주를 근거로 상대의 삶을 단정하거나 두려움을 주어서는 안 됩니다.

오히려 사주를 통해 상대가 자기 자신을 이해하고, 스스로 힘을 낼 수 있도록 이끌어야 합니다.

상담자는 사주를 심리적 배려와 자비의 도구로 사용해야 합니다.

❖ 맺음말

사주는 심리를 비추는 거울이며, 상담의 다리입니다.
사주를 상담에 활용한다는 것은 단순히 길흉을 말하는 것이 아니라,
상대의 마음을 이해하고 치유하는 데 도움을 주는 것입니다.
이것은 곧 자비의 실천과도 맞닿아 있습니다.

🪷 명상 한 구절

"사주는 마음을 비추는 또 하나의 거울이다.
그 거울 속에서 이해와 치유가 시작된다."

12부 마무리

🌿 1. 사주 공부가 주는 즐거움

사주명리학은 단순히 운명을 예측하는 기술이 아닙니다.

내 삶을 들여다보는 거울이자, 사람과 세상을 이해하는 또 하나의 언어입니다.

배우다 보면 어느 순간, 사주 속 글자가 단순한 한자가 아니라 삶의 이야기로 다가옵니다.

◐ 1) 나 자신을 발견하는 기쁨

사주를 공부하며 "아, 내가 이런 성향이었구나" 하고 깨닫게 됩니다.

내가 가진 장점은 더욱 빛내고, 부족한 부분은 보완할 길을 찾게 됩니다.

자기 자신을 제대로 아는 순간, 삶의 무게가 조금은 가벼워집니다.

◐ 2) 다른 사람을 이해하는 즐거움

사주를 알면, 타인의 성격과 행동이 달리 보입니다.

"저 사람은 왜 저럴까?"라는 의문이 "아, 그 사람은 그런 기운을 타고났구나"로 바뀝니다.

이해가 늘어나면 갈등은 줄어들고, 관계는 한결 부드러워집니다.

◯ 3) 삶을 지혜롭게 바라보는 여유

사주는 삶을 단정하지 않고, 흐름을 보여줍니다.
좋고 나쁨을 떠나, "이 시기는 이렇게 지나가는구나" 하고 받아들이게 됩니다.

덕분에 불안은 줄고, 삶에 대한 여유와 즐거움이 커집니다.

❀ 맺음말

사주 공부의 즐거움은 자기 발견과 타인 이해, 삶의 지혜가 한데 어우러진 데 있습니다.
이 즐거움을 붙잡는 순간, 사주는 단순한 학문이 아니라 삶의 동반자가 됩니다.

⚱ 명상 한 구절

"사주는 운명을 묻는 학문이 아니라,
삶을 즐겁게 하는 또 하나의 길이다."

🌿 2. 자기 이해와 자기 성장의 길

사주명리학은 단순히 운명을 알려주는 학문이 아닙니다.
그 본질은 자기를 이해하고, 그 이해를 바탕으로 성장하는 길에 있습니다.

☯ 1) 자기 이해의 시작

사주는 나의 성격, 기질, 강점과 약점을 보여줍니다.

이는 "이것이 내 운명이다"라는 단정이 아니라, 내 삶의 현재 위치를 알게 하는 지도입니다.

자기 이해가 깊어질수록, 불필요한 비교와 불안에서 벗어나 나답게 살아갈 수 있습니다.

◐ 2) 약점을 받아들이는 용기

누구나 강한 면과 약한 면이 함께 있습니다.

사주는 약점을 부끄러워하기보다, 보완해야 할 과제로 바라보게 합니다.

부족함을 인정하고 받아들이는 순간, 오히려 내 삶은 더 단단해집니다.

◐ 3) 성장의 방향 찾기

사주는 단순히 성격 분석이 아니라, 어떻게 살아가야 할지 방향을 제시합니다.

예: 화(火)가 약한 사람은 자신감을 키우는 활동을, 토(土)가 약한 사람은 안정과 책임을 배우는 길을 찾아야 합니다.

이처럼 사주는 삶의 나침반이 되어, 성장을 향한 구체적 발걸음을 제안합니다.

4) 자기 수양의 길

사주는 외부 조건이 아니라, 내 마음의 태도가 삶을 바꾼다는 것을 일깨워 줍니다.

집착을 내려놓고, 균형을 지향하며, 타인과의 관계 속에서 배움을 얻는 것이 곧 자기 성장의 길입니다.

맺음말
자기 이해는 끝이 없고, 성장은 평생의 여정입니다.
사주는 그 길에서 나를 비추는 거울이자, 다시 나아가게 하는 동반자입니다.

명상 한 구절

"사주는 자기 이해의 거울이다.
그 거울 속에서 성장의 길이 열린다."

🌿 3. 더 깊이 공부하고 싶을 때 참고할 길

사주명리학은 처음에는 어렵게 느껴지지만, 기본을 익히고 나면 그 깊이가 끝없이 펼쳐지는 학문입니다.

초보 단계에서 벗어나 더 깊이 공부하고 싶을 때, 몇 가지 참고할 길이 있습니다.

◑ 1) 고전 읽기

사주명리학의 뿌리는 동양의 고전 속에 있습니다.

《주역》,《명리대전》,《적천수》,《연해자평》 같은 고전은 오행과 인간 삶의 이치를 풍부하게 담고 있습니다.

처음에는 어렵지만, 차근히 읽으며 기본 원리를 음미하면 지식이 단단해집니다.

2) 사례를 통한 공부

사주는 책으로만 배우는 것이 아니라, 실제 사람들의 삶 속에서 살아 움직입니다.

내 주변 가족과 친구, 역사적 인물들의 사주를 참고해 보면서 비교하면 이해가 훨씬 깊어집니다.
사례는 이론을 현실로 연결해주는 다리입니다.

3) 스승과 도반 만나기

사주 공부는 혼자보다는 함께할 때 훨씬 깊고 넓어집니다.

경험 많은 스승에게 배워 기초를 다지고, 함께 공부하는 도반들과 토론하며 지혜를 키우는 것이 좋습니다.

혼자 보면 놓치는 부분도, 다른 사람의 눈을 통해 배울 수 있습니다.

4) 삶과 연결하기

사주는 단순히 남의 운명을 보는 기술이 아닙니다.

내 삶과 경험, 주변 인연 속에서 하나하나 확인하고 연결해야 진짜 공부가 됩니다.

생활 속에서 오행의 흐름을 체험하는 것이 가장 좋은 공부입니다.

❈ 맺음말

사주명리학의 길은 끝이 없습니다.
더 깊이 들어갈수록, 운명을 보는 기술이 아니라 삶을 이해하는 지혜가 됩니다.
이 길 위에서 중요한 것은 속도가 아니라 꾸준함과 성찰입니다.

🪷 명상 한 구절

"사주의 깊이는 끝이 없다.
배우는 걸음마다 삶의 지혜가 된다."

13부 심화 학습편 1

🌿 1. 합(合) — 끌림과 조화의 비밀

우리가 누군가를 만났을 때 "이 사람은 왠지 마음이 잘 맞는다"라는 느낌을 받을 때가 있습니다.

명리학에서는 이러한 기운을 **합(合)**이라 부릅니다.

합은 서로 다른 기운이 만나 새로운 조화를 만들어내는 작용입니다.

하지만 합이 늘 좋은 것만은 아닙니다.

어떤 합은 도움과 협력을 주지만, 어떤 합은 집착이나 제약이 될 수도 있습니다.

🌿 1) 천간합(天干合)

천간(十干)끼리 서로 끌리는 관계를 말합니다.

갑기합(甲己合): 갑목과 기토가 만나 '화합의 기운'을 만듭니다. 땅 위에 나무가 뿌리 내리듯, 안정과 성장을 뜻합니다.

을경합(乙庚合): 을목과 경금이 만나 서로 다듬는 관계. 갈등처럼 보이지만, 단련과 성숙의 길을 열어줍니다.

병신합(丙辛合): 불과 금이 만나 빛을 내는 합. 지혜와 깨달음을 뜻하기도 합니다.

정임합(丁壬合): 불과 물이 만나 따뜻한 증기를 만드는 합. 감성과 이성이 만나 새로운 가능성을 여는 모습입니다.

무계합(戊癸合): 큰 산과 물이 만나 안정을 이루는 합. 큰 그릇의 포용을 상징합니다.

🙆 천간합의 교훈
"사람 사이의 만남도 이와 같아, 서로 다른 성질이 만나 다듬고 보완하며 새로운 길을 엽니다."

☯ 2) 육합(六合) — 지지의 여섯 쌍

지지(十二支)끼리 서로 끌려서 짝을 이루는 것을 육합이라 합니다. 이는 주로 부부나 좋은 친구와 같은 관계에서 나타납니다.

子(쥐)와 丑(소) 합 / 寅(호랑이)와 亥(돼지) 합

卯(토끼)와 戌(개) 합 / 辰(용)과 酉(닭) 합

巳(뱀)와 申(원숭이) 합 / 午(말)와 未(양) 합

🧒 육합의 의미
육합은 주로 안정과 협력, 협동의 기운을 주지만, 때로는 지나친 의존으로 이어질 수 있습니다.

☯ 3) 삼합(三合) — 세 기운의 연대

세 개의 지지가 만나 강력한 기운을 만들어내는 것을 삼합이라 합니다. 이는 큰 흐름이나 집단적인 에너지와 같습니다.

신자진(申子辰): 수(水) 기운을 강화

인오술(寅午戌): 화(火) 기운을 강화

해묘미(亥卯未): 목(木) 기운을 강화

사유축(巳酉丑): 금(金) 기운을 강화

🧒 삼합의 의미
큰 조직이나 집단 속에서 뜻이 맞는 사람들과 함께 힘을 모으는 것과 같습니다.

4) 방합(方合) — 사방의 균형

방합은 동·서·남·북 방향에서 모인 세 지지가 특정 오행을 강화하는 작용입니다. 삼합과 유사하지만, 더 '방향성'에 초점을 둡니다.

예: **해자축(亥子丑)**은 북방의 수(水) 기운을 강화합니다.

5) 합의 이중성

합은 좋은 인연과 귀인의 도움을 주기도 하지만, 때로는 집착·굴레·속박이 될 수도 있습니다.

좋은 합: 서로 보완하고 발전시키는 관계

어려운 합: 얽매이고 벗어나지 못하는 관계

🙆 합을 마주했을 때는 "이 인연이 나를 성장시키는지, 나를 붙잡는지"를 살펴야 합니다.

🪷 명상 한 구절

"합은 만남의 또 다른 이름이다.
서로 다른 것이 모여 아름다움이

되기도 하고, 집착이 되기도 한다.
합을 따라가되, 자유를 잃지 말라."

🌿 2. 충(衝) — 부딪힘 속의 깨달음

충(衝)은 '부딪힘'을 뜻합니다.

사주에서 충은 두 기운이 정면으로 맞서 부딪힐 때 생기는 변화의 힘입니다.

충이 생기면 흔히 다툼, 이동, 변화, 이별 같은 일이 나타나기도 하지요. 그러나 충은 단순한 불행의 상징이 아니라, 새로운 길로 나아가라는 인생의 신호이기도 합니다.

◐ 1) 지지충(地支衝) — 여섯 쌍의 맞부딪힘

열두 지지에는 서로 정반대에 있는 여섯 쌍이 있습니다. 이것이 바로 '육충(六衝)'입니다.

① 子(쥐) — 午(말) : 물(水)과 불(火)의 충돌. 감정적 갈등, 이동, 변화.

② 丑(소) — 未(양) : 땅(土)과 땅(土)의 충돌. 고집, 재산·가정 문제.

③ 寅(호랑이) — 申(원숭이) : 나무(木)와 금속(金)의 충돌. 직업·관계의 갈등, 사고.

④ 卯(토끼) ― 酉(닭) : 나무(木)와 금속(金)의 충돌. 대인관계의 대립, 명예 문제.

⑤ 辰(용) ― 戌(개) : 땅(土)끼리의 강한 충돌. 이상과 현실의 부딪힘, 사회적 갈등.

⑥ 巳(뱀) ― 亥(돼지) : 불(火)과 물(水)의 충돌. 예측하기 어려운 변화, 돌발 사건.

🙍 해석
충은 갈등, 사고, 이별처럼 보이지만, 실은 낡은 것을 깨고 새로운 길을 열어주는 작용입니다.

예를 들어 子午충은 집을 떠나거나 직장을 옮기는 변화로 나타날 수 있습니다.

2) 천간충(天干衝)

천간에서도 서로 정반대 성질이 맞부딪히는 충이 있습니다.

① 갑(甲) ― 경(庚) : 나무(木)와 금속(金)의 충돌. 강한 의지의 대립.

② 을(乙) — 신(辛) : 부드러운 목(木)과 단단한 금(金)의 충돌. 상처, 갈등.

③ 병(丙) — 임(壬) : 불(火)과 물(水)의 대립. 감정과 상황의 큰 파도.

④ 정(丁) — 계(癸) : 불(火)과 물(水)의 충돌. 작은 다툼, 감정적 소모.

🙋 해석

천간충은 주로 정신적, 정서적 갈등으로 나타나며, 사소한 다툼부터 큰 대립까지 폭이 넓습니다.

3) 충의 작용

긍정적 측면: 정체된 상황을 깨고, 이동·변화를 통해 새로운 길을 열어줌.

부정적 측면: 갈등, 분쟁, 이별, 불안정한 사건.

🙋 충을 피할 수는 없지만, 이를 어떻게 받아들이느냐에 따라 성장이 되기도 하고 좌절이 되기도 합니다.

4) 충과 우리의 삶

일상에서도 충의 모습은 자주 나타납니다.

직장에서의 충돌: 의견이 달라 다투지만, 결과적으로 더 나은 방향을 찾음.

가족 간의 갈등: 일시적인 불화가 오히려 서로를 더 이해하는 계기가 됨.

이사·이직: 불편하고 힘들지만, 결국 새로운 삶의 기회를 줌.

명상 한 구절

"부딪힘은 끝이 아니라, 새로운 길의 시작이다.
충은 나를 흔들지만, 그 흔들림 속에서 나는 더 단단해진다."

🌿 3. 형(刑)과 파(破) — 깨지고 얽힘 속의 배움

살아가다 보면 누구나 불편한 얽힘이나 예상치 못한 깨짐을 경험합니다. 명리학에서는 이를 **형(刑)**과 **파(破)**라 부릅니다.

형(刑)은 '법(法)에 얽매임' 혹은 '상호 간의 긴장과 갈등'을 뜻합니다.

파(破)는 '깨뜨림'과 '균열'을 의미합니다.

이들은 대체로 힘겨운 기운을 주지만, 결국은 우리를 단련하고 성장시키는 계기가 됩니다.

1) 형(刑)의 종류와 의미

형은 크게 **삼형살(三刑)**이라 불리는 세 가지 경우로 나뉩니다.

(1) **寅巳申 삼형**

호랑이(寅), 뱀(巳), 원숭이(申)이 서로 만나면 다툼과 갈등이 잦습니다. 예민함, 경쟁, 불화로 이어지기 쉽습니다.

그러나 이 과정을 통해 스스로를 단련하고 강인해집니다.

(2) 丑戌未 삼형

소(丑), 개(戌), 양(未)가 만나면 고집과 아집이 부각됩니다.

재산, 가정 문제로 인한 다툼이 많습니다.

하지만 결국 현실을 정리하고 새로운 질서를 세우게 됩니다.

(3) 子卯 상형

쥐(子)와 토끼(卯)는 정면으로 맞서면서 작은 일에도 충돌합니다.

인간관계 속에서 사소한 말다툼, 오해가 많습니다.

그러나 이 갈등은 상대방을 더 깊이 이해하는 계기가 되기도 합니다.

👩 형의 교훈
형은 얽히고 부딪힘 속에서 자신의 성질을 돌아보게 하는 거울입니다.

2) 파(破)의 종류와 의미

파살은 서로 다른 삼합그룹으로 활동하는 방향성이 다른 기운끼리 충돌함으로 변동과 충돌이 일어납니다.

사회, 직업, 인간관계에서 급작스러운 이탈, 파열, 갈등이 생길 수 있고, 특히 자신이 추구하는 것과 현실의 틀이 부딪히면서 진로 전환, 직업 변화, 인연의 단절로 나타나는 경우가 많습니다.

이런 기운을 긍정적으로 사용하면 새로운 분야 개척, 낡은 틀을 깨는 혁신, 기민한 적응력으로 변환할 수 있습니다.

(1) 자유파(子酉破)

상징적 의미:

유금은 금(금속, 규율, 틀), 자수는 물(감정, 흐름)입니다. 금이 물을 생하지만 방향이 달라 서로 부딪힙니다.

원칙 · 규율(酉)과 감정 · 흐름(子)의 충돌로 이해됩니다.

작용:
감정·인간관계·약속·사회적 신뢰 문제에서 오해·배신·관계 단절이 나타나기 쉽습니다.

동시에 낡은 관습·틀을 깨뜨려 새롭고 유연한 길을 찾는 계기가 되기도 합니다.

(2) **축진파**(丑辰破)

상징적 의미:
같은 토(土)이지만 축은 음토·습토, 진은 양토·습토로 기운이 다릅니다. 같은 기반 속의 다른 성질이 부딪히는 모습.

👧 작용:
주로 재산·기반·부동산·가정 문제에서 갈등이 나타나기 쉽습니다.
오래된 문제를 정리·청산하는 계기가 되기도 하며, 내부 정비·구조조정의 힘으로 쓸 수 있습니다.

(3) **인해파**(寅亥破)

상징적 의미:
해수는 목을 생하지만, 인목 안에는 병화가 숨어 있고, 해수는 임수·갑목을 품어 방향성이 엇갈린 상생이 됩니다.
이상·계획(寅)과 현실·감정(亥)이 어긋나는 모습.

🙍 작용:

계획과 실행이 어긋나거나, 사람·정보 문제로 혼선이 생기기 쉽습니다.
하지만 이 파가 잘 작동하면 새로운 아이디어·이념을 현실에 맞게 조정하는 힘으로 전환됩니다.

(4) **묘오파**(卯午破)

상징적 의미:

목생화(목이 화를 생) 관계지만 묘는 음목, 오는 양화로 속성이 달라 과열·과도한 확장을 일으킵니다.
관계 · 감정 · 사업 · 연애가 과열되거나 방향이 어긋나는 모습.

🙍 작용:

인간관계·사랑·명예·창작 활동에서 충돌·과속·방향 전환이 일어나기 쉽습니다. 긍정적으로 쓰면 폭발적 추진력·열정으로 변환됩니다.

(5) **사신파**(巳申破)

상징적 의미:

화와 금이 서로 상극인데 양쪽 다 삼합의 시작점이라 힘이 강합니다. 추진 · 변화(巳)와 현실 · 제도(申)의 충돌.

🙆 작용:

직업·사회적 위치·거래·계약에서 갑작스런 변동·이탈이 나타나기 쉽습니다. 새 틀을 만들고 신속히 적응하는 혁신의 힘으로도 쓸 수 있습니다.

(6) 미술파(未戌破)

상징적 의미:

같은 토 속에서 미는 목기운, 술은 화기운을 품어 내부 방향이 달라 충돌합니다. 가정 · 재산 · 토대 · 저축의 분열 · 갈등을 상징.

🙆 작용:

재산·유산·가족 문제의 분쟁, 오래된 일의 청산·정리로 나타나기 쉽습니다. 정리·개혁의 힘으로 쓰면 새로운 기반 구축으로 이어질 수 있습니다.

☯ 3) 형과 파가 주는 교훈

형은 얽매이고 불편한 관계를 통해 성찰과 절제를 가르칩니다.

파는 무너짐을 통해 비움과 새로운 시작을 준비하게 합니다.

일상에서도 우리는 형과 파를 경험합니다.

친구와의 갈등(형), 믿었던 약속의 파기(파).

그러나 이 과정을 통해 더 단단해지고, 더 현명해집니다.

🪷 명상 한 구절

"형은 나를 돌아보게 하고, 파는 나를 비우게 한다.
얽힘과 깨짐 속에서 삶은 다시 빛을 찾는다."

 4. 害(해) – 속상한 인연의 깨달음

"겉으로 잘 지낸다고 해서
마음이 평화로운 것은 아니다.
말하지 않아도 느껴지는 불편함을 직시하고,
 관계 속의 '진심'을 다시 점검하라."

보이지 않는 손상이 쌓이면 결국 인연의 끈이 조용히 풀어지듯,
'해'는 관계 속 숨은 진실을 드러내기 위한
하늘의 경책(警策)이라 할 수 있다.

　※※육해(六害: 자미·축오·인유·묘진·사술·신해)※※로 구성되어 있다.
　각 해(害)는 단순히 나쁜 인연이 아니라, ※※인연 속에서 드러나는 '보이지 않는 균열'※※의 형태로 이해하셔야 합니다.
　이 여섯 가지는 모두 "겉으로는 괜찮지만, 속에서부터 서서히 스며드는 해로움"의 다른 얼굴들입니다.

1. 子未害 (자미해)

정서의 불일치, 속상한 배려의 인연

오행 성질: 水(土) 간의 상극

현상: 겉으론 배려하고 이해하지만, 실제론 감정의 교류가 어렵습니다.

특징: 서로를 도우려 하지만 오히려 오해가 쌓여 '정서 피로'가 발생합니다.

예시:
→ 자식에게 최선을 다했는데, 그 마음이 부담으로 느껴짐.
→ 동료에게 도움을 주었는데, "간섭"으로 받아들여짐.

교훈:
"좋은 의도가 항상 좋은 결과를 낳지는 않는다.
진심도 때로는 '거리'를 필요로 한다."

2. 丑午害 (축오해)

냉기와 열기의 대립, 예의 속의 불신

오행 성질: 土(火)의 충돌 — 한쪽은 안정, 한쪽은 추진

현상: 서로를 존중하지만, 마음은 전혀 다른 방향을 보고 있음.

특징: 겉으로는 예의 있고 점잖지만, 속으로는 불신과 불만이 누적됩니다.

예시:
→ 부부나 동료 간에 "당신 말은 맞는데 왠지 신뢰가 안 가."
→ 서로 체면은 지키나 마음은 이미 멀어진 관계.

👩 교훈:
"말보다 마음이 먼저 통해야 한다.
외면의 온도보다 내면의 신뢰가 중요하다."

3. 寅酉害 (인유해)

믿음의 손상, 배신과 구설의 인연

오행 성질: 木(金)의 대립 — 서로가 서로의 가치를 침식

현상: 처음엔 믿고 의지하지만, 결국 오해 · 질투 · 배신으로 끝남.

특징: 신뢰 붕괴, 인간관계의 뒤틀림, 명예 훼손.

예시:
→ 믿었던 친구에게 뒤통수 맞음.
→ 공적으로 칭찬받던 사람이 비밀스런 구설에 오름.

👩 교훈:
"믿음은 한순간에 무너질 수 있다.
그러나 실망 또한 나를 단련시키는 진리의 거울이다."

☯ 4. 卯辰害 (묘진해)

겉과 속이 다른 인연, 미묘한 내부 갈등

오행 성질: 木(土) – 같은 동방 기운 속의 불화

현상: 같은 목표를 두고 일하지만, 의견 차이로 내부 균열이 생김.

특징: 한집단, 한가족 내에서 생기는 사소한 갈등이 깊어짐.

예시:
→ 가까운 형제나 동업자 간의 의견 불일치.
→ 처음엔 사소했으나 나중엔 감정의 골로 이어짐.

🧑 교훈:
"나와 가까운 이가 나를 가장 깊이 아프게 한다.
그러나 그 또한 나를 비추는 거울이다."

◐ 5. 巳戌害 (사술해)

계획의 꼬임, 문서상의 손해

오행 성질: 火(土) – 불이 흙을 태워 형태를 변형시킴

현상: 계획은 잘 세웠는데, 과정에서 엇갈림이 생겨 결과가 어그러짐.

특징: 문서, 계약, 추진 중의 착오와 손실, 인연의 오해.

예시:
→ 좋은 사업이었는데 서류 문제로 손해.
→ 진심이었는데 타이밍이 엇갈려 오해.

🧒 교훈:
"일이 틀어질 때는 뜻이 아니라 때가 문제다.
인연은 때를 만나야 꽃이 된다."

6. 申亥害 (신해해)

내면 피로, 감정 소모의 인연

오행 성질: 金(水) – 차가운 금속이 물의 흐름을 방해

현상: 말이 앞서고 감정이 뒤따라 피로가 쌓임.

특징: 말실수, 생각의 과잉, 감정 기복, 번아웃.

예시:
→ 선의로 한 말이 상대를 상처 줌.
→ 감정이 쌓이다가 무기력으로 전환.

🧒 교훈:
"말은 물보다 빠르고, 마음은 물보다 깊다.
흐름을 막지 말고, 흘러가게 하라."

정리 – 해(害)의 궁극적 메시지

핵심주제   작용방식   깨달음

감정의 균열 겉은 평화, 속은 손상 "관계는 말이 아닌 에너지로 이어진다."
믿음의 붕괴 신뢰의 손상 "진심은 증명보다 지속에서 드러난다."
내면의 피로 반복된 오해와 불통 "마음의 거리를 조절하는 것도 자비다."

결론적으로, 해(害)는 인연의 끝이 아니라
관계의 진짜 얼굴을 비춰주는 거울입니다.
속상한 인연은 '끊으라'는 신호가 아니라,
"무엇이 나를 힘들게 하는가"를 깨닫게 하여
한 단계 더 성숙하게 만드는 수행적 인연이지요.

🌿 5. 12운성 — 인생의 열두 계단

사람의 삶은 태어나고 자라며, 절정에 이르고, 결국 쇠하여 다시 새로운 생명을 준비하는 순환으로 이어집니다. 명리학에서 이 흐름을 **12운성(十二運星)** 이라 부릅니다.

12운성은 단순히 운명을 예측하는 도구가 아니라, 인생을 바라보는 하나의 철학적 지도입니다.

🌀 1) 장생(長生) — 태어남과 시작

의미: 새싹이 돋아나듯, 삶이 막 시작되는 단계.

상징: 출발, 생명력, 희망.

구성: 甲木일간 – 亥, 丙火(戊土)일간 – 寅, 庚金일간 – 巳, 壬水일간 – 申

🙂 누구에게나 찾아오는 첫걸음, 가능성의 시작.

2) 목욕(沐浴) — 세상과의 첫 만남

의미: 아이가 세상에 나와 물로 씻김을 받는 모습.

상징: 순수, 혼란, 첫 경험.

구성: 甲木일간 – 子, 丙火(戊土)일간 – 卯, 庚金일간 – 午, 壬水일간 – 酉

🧒 세상과 부딪히며 배우고, 때로는 실수하면서 자랍니다.

3) 관대(冠帶) — 자리를 잡음

의미: 관을 쓰고 띠를 두른다는 뜻으로, 사회에 나아가 자리 잡는 단계.

상징: 성장, 사회 진출, 책임감.

구성: 甲木일간 – 丑, 丙火(戊土)일간 – 辰, 庚金일간 – 未, 壬水일간 – 戌

🧒 학업, 직업, 인간관계가 자리를 잡아갑니다.

4) 건록(建祿) — 힘을 얻음

의미: 권력과 재물이 안정되는 시기.

상징: 번영, 성취, 자신감.

구성: 甲木일간 – 寅, 丙火(戊土)일간 – 巳, 庚金일간 – 申, 壬水일간 – 亥

스스로 삶을 개척해 나가는 힘을 얻게 됩니다.

5) 제왕(帝旺) — 절정에 이르다

의미: 황제의 자리, 가장 강력한 상태.

상징: 절정, 권위, 영향력.

구성: 甲木일간 – 卯, 丙火(戊土)일간 – 午, 庚金일간 – 酉, 壬水일간 – 子

인생의 꽃을 피우는 시기, 하지만 동시에 교만에 빠질 위험도 있습니다.

6) 쇠(衰) — 서서히 기울다

의미: 절정의 힘이 서서히 약해지는 단계.

상징: 내리막, 힘의 약화, 성찰의 시작.

구성: 甲木일간 – 辰, 丙火(戊土)일간 – 未, 庚金일간 – 戌, 壬水일간 – 丑

성취 뒤에 찾아오는 내려놓음의 시간.

7) 병(病) — 병듦과 약함

의미: 몸과 마음이 쇠약해지는 단계.

상징: 질병, 고통, 무력감.

구성: 甲木일간 – 巳, 丙火(戊土)일간 – 申, 庚金일간 – 亥, 壬水일간 – 寅

인간의 한계를 느끼며, 겸손을 배우게 됩니다.

8) 사(死) — 죽음

의미: 생명의 끝, 한 단계의 마무리.

상징: 종결, 놓아줌, 비움.

구성: 甲木일간 – 午, 丙火(戊土)일간 – 酉, 庚金일간 – 子, 壬水일간 – 卯

🧒 두려움이 아니라, 다음을 준비하는 자연스러운 이치입니다.

9) 묘(墓) — 땅에 묻힘

의미: 무덤에 들어가 안식하는 단계.

상징: 휴식, 정리, 잠김.

구성: 甲木일간 – 未, 丙火(戊土)일간 – 戌, 庚金일간 – 丑, 壬水일간 – 辰

🙋 육체는 흙으로 돌아가지만, 에너지는 사라지지 않습니다.

10) 절(絶) — 끊어짐

의미: 이전의 모든 것이 완전히 끊어지는 순간.

상징: 마무리, 소멸, 전환.

구성: 甲木일간 – 申, 丙火(戊土)일간 – 亥, 庚金일간 – 寅, 壬水일간 – 巳

🙋 끝이 있어야 새로운 시작이 가능함을 알려줍니다.

🌀 11) 태(胎) — 다시 잉태됨

의미: 새로운 생명이 모태에서 자라나는 시기.

상징: 준비, 잠재력, 잉태.

구성: 甲木일간 – 酉, 丙火(戊土)일간 – 子, 庚金일간 – 卯, 壬水일간 – 午

👩 죽음이 곧 새로운 생명의 문이 됩니다.

🌀 12) 양(養) — 길러짐

의미: 갓난아이가 보호를 받으며 자라는 단계.

상징: 보살핌, 양육, 새로운 시작의 보호막.

구성: 甲木일간 – 戌, 丙火(戊土)일간 – 丑, 庚金일간 – 辰, 壬水일간 – 未

👩 다시금 장생을 향해 나아가는 준비의 과정입니다.

🌱 12운성이 주는 지혜

12운성은 인생을 12개의 계단으로 나누어 보여줍니다. 그러나 이 단계들은 한 번으로 끝나지 않고, 계속 반복되며 이어지는 순환입니다.

우리가 죽음을 두려워하지 않고, 시작을 가볍게 여기지 않는 이유가 여기에 있습니다.

🪷 명상 한 구절

"삶은 직선이 아니라 원이다.
끝은 곧 시작이며, 멈춤은 다시 일어섬이다."

심화 학습편 1

6. 12신살 — 운명의 그림자와 빛

사람의 삶은 늘 밝은 햇살만 비치지 않습니다.
때때로 그림자 같은 기운이 스며들어 삶을 흔들기도 하지요.
명리학에서 이를 **신살(神煞)**이라 부릅니다.
신살은 두려움의 대상이 아니라, 삶을 더 입체적으로 만들어주는 또 하나의 흐름입니다.

1) 천살(天煞)

의미: 하늘에서 내려온 재난의 기운. 예기치 못한 사건이나 장애를 의미합니다.

긍정적 측면: 위기를 기회로 바꾸며 큰 깨달음을 줌.

부정적 측면: 불운, 고난, 뜻밖의 사고.

구성: 亥卯未생 − 戌, 寅午戌생 − 丑, 巳酉丑생 − 辰, 申子辰생 − 未

교훈: 하늘의 시련은 결국 마음을 단단히 다지라는 가르침입니다.

2) 지살(地煞)

의미: 땅에서 일어나는 불안정한 기운. 흔들림과 변동을 의미합니다.

긍정적 측면: 환경의 변화를 계기로 새로운 길이 열림.

부정적 측면: 이사, 이동, 근심, 안정 부족.

구성: 亥卯未생 – 亥, 寅午戌생 – 寅, 巳酉丑생 – 巳, 申子辰생 – 申

교훈: 땅이 흔들릴 때 뿌리를 더 깊게 내려야 합니다.

3) 도화살(桃花煞) — (년살 · 함지살)

의미: 꽃이 피듯 매력과 인기를 주는 기운.

긍정적 측면: 사랑받음, 예술적 재능, 대중적 인기.

부정적 측면: 이성 문제, 관계의 혼란, 스캔들.

구성: 亥卯未생 – 子, 寅午戌생 – 卯, 巳酉丑생 – 午, 申子辰생 – 酉

🧒 교훈: 매력은 축복이지만, 중심을 잃으면 족쇄가 됩니다.

◐ 4) 역마살(驛馬煞)

의미: 말을 타고 떠돌아다니듯, 늘 움직이고 변화를 추구하는 기운.

긍정적 측면: 여행, 무역, 해외 진출, 활동성.

부정적 측면: 안정 부족, 떠돌이 신세, 근심.

구성: 亥卯未생 – 巳, 寅午戌생 – 申, 巳酉丑생 – 亥, 申子辰생 – 寅

🧒 교훈: 움직임은 배움의 길, 멈춤은 성숙의 길입니다.

◐ 5) 망신살(亡神煞)

의미: 체면을 잃거나 명예가 깎이는 기운.

긍정적 측면: 겸손과 자기 성찰의 계기가 됨.

부정적 측면: 구설수, 창피, 불명예.

구성: 亥卯未생 – 寅, 寅午戌생 – 巳, 巳酉丑생 – 申, 申子辰생 – 亥

교훈: 체면이 무너져야 진짜 나를 만날 수 있습니다.

6) 장성살(將星煞)

의미: 장군의 별, 지도력과 권위를 상징하는 기운.

긍정적 측면: 리더십, 책임감, 추진력.

부정적 측면: 독선, 고집, 권위주의.

구성: 亥卯未생 – 卯, 寅午戌생 – 午, 巳酉丑생 – 酉, 申子辰생 – 子

교훈: 진정한 장성은 앞장서는 자가 아니라, 함께 걷는 자입니다.

7) 반안살(攀鞍煞)

의미: 안장에 올라타듯 새로운 기회를 잡는 기운.

긍정적 측면: 입신양명, 직장·지위 상승, 귀인의 도움.

부정적 측면: 지나친 욕심, 오만.

구성: 亥卯未생 – 辰, 寅午戌생 – 未, 巳酉丑생 – 戌, 申子辰생 – 丑

교훈: 올라서는 것도 중요하지만, 겸손히 지키는 것이 더 중요합니다.

8) 재살(災煞) — (수옥살)

의미: 뜻하지 않은 재난이나 손실의 기운.

긍정적 측면: 위험을 경계하게 하여 삶을 더 신중하게 함.

부정적 측면: 사고, 금전 손실, 예기치 못한 사건.

구성: 亥卯未생 – 酉, 寅午戌생 – 子, 巳酉丑생 – 卯, 申子辰생 – 午

🙂 교훈: 시련은 늘 예고 없이 오지만, 준비된 자는 흔들리지 않습니다.

9) 육해살(六害煞)

의미: 서로 해가 되는 인연, 부딪히고 다투는 관계의 기운.

긍정적 측면: 어려운 관계를 통해 인내와 배려를 배움.

부정적 측면: 불화, 배신, 갈등.

구성: 亥卯未생 – 午, 寅午戌생 – 酉, 巳酉丑생 – 子, 申子辰생 – 卯

🙂 교훈: 나를 해치는 인연도 결국 나를 단련시키는 스승입니다.

10) 화개살(華蓋煞)

의미: 화려한 덮개처럼 세상과 거리를 두고 고독을 주는 기운.

긍정적 측면: 예술, 학문, 종교, 수행에 탁월.

부정적 측면: 고립, 외로움, 사회적 단절.

구성: 亥卯未생 – 未, 寅午戌생 – 戌, 巳酉丑생 – 丑, 申子辰생 – 辰

교훈: 고독은 외면이 아니라, 내면을 밝히는 등불입니다.

11) 겁살(劫煞)

의미: 빼앗기고 손실을 겪는 기운.

긍정적 측면: 소유에 집착하지 않게 하고, 비움의 가치를 깨닫게 함.

부정적 측면: 금전 손해, 관계 상실, 불안정.

구성: 亥卯未생 – 申, 寅午戌생 – 亥, 巳酉丑생 – 寅, 申子辰생 – 巳

🙇 교훈: 잃음은 끝이 아니라, 더 큰 것을 위한 비움입니다.

☯ 12) 월살(月煞) — (고초살·무당살)

의미: 달빛처럼 은은하지만 불안정한 기운. 불필요한 근심과 우환을 불러오기 쉽습니다.

긍정적 측면: 영적 감수성, 종교·무속적 재능.

부정적 측면: 고초, 근심, 의존적 삶.

구성: 亥卯未생 – 丑, 寅午戌생 – 辰, 巳酉丑생 – 未, 申子辰생 – 戌

🙇 교훈: 달빛은 희미하지만 길을 밝히듯, 약함 속에서도 배움이 있습니다.

🪔 명상 한 구절

"신살은 삶을 괴롭히는 재앙이 아니라,
내 삶을 비추는 또 다른 그림자이다.
그림자와 빛이 함께할 때 인생은 더욱 깊어진다."

 7. 길신편(吉神篇) ― 복을 전하는 열 별

사주 속에는 험한 기운만 있는 것이 아닙니다.

복과 귀인을 상징하는 별, 곧 ✳✳✳길신(吉神)✳✳이 함께하여 우리의 삶을 지켜줍니다.

길신은 하늘이 내려준 축복이자, 우리가 쌓은 덕이 불러온 보답이기도 합니다.

1) 정록(正祿)

의미: 정당한 녹봉(祿), 곧 바른 재물과 직업운을 뜻합니다. 사람이 태어난 천간(天干)에 따라 "나의 녹이 되는 자리"가 정해집니다.

구성: 천간　녹지(祿地) 의미

甲 – 寅　　큰 나무가 숲을 이루듯, 성장과 기반

乙 – 卯　　봄의 가지처럼 부드러운 발전

丙 – 巳　　불이 타오르는 자리, 권위와 성취

丁 – 午　　태양이 가장 높이 뜨는 자리, 명예

戊 – 巳　　산이 불을 머금듯, 재물의 축적

己 – 午	흙이 따뜻해지는 자리, 안정과 평화
庚 – 申	쇠가 강해지는 자리, 권력과 힘
辛 – 酉	가을의 결실, 정리와 완성
壬 – 亥	큰 물이 출발하는 자리, 시작의 힘
癸 – 子	맑은 샘물, 새로운 가능성

👧 교훈: 노력하여 얻는 정당한 녹이야말로 오래가는 복입니다.

2) 금여록(金輿祿)

의미: 금여록은 '황금 가마(金輿)'에 올라 귀하게 대접받는 복을 뜻합니다. 정록(正祿)으로부터 세 번째에 해당하는 글자가 금여록의 자리로, 이는 사회적 지위 상승, 귀인의 도움, 영화로운 삶을 상징합니다.

특징: 금여록이 강하게 작용하면, 보통 안정된 직업 위에 명예와 권위를 더해줍니다. 곧, "먹고사는 문제를 넘어 존중받는 삶"으로 이어지는 힘입니다.

※ 금여록의 구성

일간(天干)   금여록(金輿祿) 위치   의미

甲 – 辰	숲의 기운이 땅의 품을 얻어, 기반이 단단해짐
乙 – 巳	부드러운 나무가 불(火)의 힘을 받아 재능이 드러남
丙 – 未	태양의 불빛이 흙(土)을 비추며 명예와 안정이 함께 옴
丁 – 申	불(火)이 쇠(金)를 만나 사회적 영향력을 펼침
戊 – 未	큰 산(土)이 넓은 들판을 얻어 풍요를 이룸
己 – 申	흙(土)이 금(金)과 어울려 권위와 신뢰를 확보
庚 – 戌	쇠(金)가 강인한 땅(土)을 얻어 권력을 강화
辛 – 亥	단단한 쇠(金)가 물(水)을 만나 지혜와 덕을 쌓음
壬 – 丑	큰 물(水)이 땅(土)에 머물러 안정과 포용을 가짐
癸 – 寅	샘물(水)이 나무(木)를 키워 희망과 성장을 이룸

긍정적 측면: 귀인과의 인연, 신분 상승, 사회적 대우.

부정적 측면: 지나친 영화에 치우치면 교만과 오만으로 흐를 수 있음.

🧘 교훈: 금여록은 타고나는 복이기도 하지만, 겸손히 베풀 때 더욱 큰 빛을 발합니다.

🪷 **명상 한 구절**

"금여록은 황금 가마가 아니라, 마음의 겸손을 실은 수레다.
겸손히 오를 때 길은 더 멀리 이어진다."

3) 천을귀인(天乙貴人)

의미: 천을귀인은 하늘이 내려준 가장 큰 귀인이라 불리며, 재앙을 막아주고 도움을 주는 별입니다.

고대 명리학에서는 천을귀인이 있으면 "사람이 평생을 크게 해치지 않는다"라고 할 정도로 길신 중의 으뜸으로 여겼습니다.

특징: 사주에 천을귀인이 있으면, 위기의 순간마다 도움의 손길이 나타나고, 혼자서는 풀 수 없는 문제도 해결의 길이 열립니다.

※ **천을귀인의 구성**

천간(天干)에 따라 귀인이 되는 지지가 아래와 같이 정해져 있습니다.

일간(天干) 기준하여 타 지지

甲, 戊, 庚 ―丑, 未
乙, 己　　―子, 申
丙, 丁　　―酉, 亥
辛　　　　―寅, 午
壬, 癸　　―卯, 巳

긍정적 측면: 어려운 상황에서 나타나는 귀인의 도움, 재앙 소멸, 위기 극복.

부정적 측면: 귀인만 바라보고 스스로의 노력을 게을리하면, 복이 줄어듭니다.

🙆 교훈: 귀인은 하늘에서 갑자기 내려오는 존재가 아니라, 내가 쌓아온 덕과 인연이 모습 바꿔 다가오는 것입니다.

🪔 명상 한 구절

"귀인은 멀리 있는 신비로운 존재가 아니다.
내가 베푼 덕이 돌아와 내 앞에 귀인이 되어 선다."

4) 문창귀인(文昌貴人)

의미: 문창귀인은 글과 학문을 주관하는 별입니다.
'문(文)'은 글과 문화, '창(昌)'은 번창함을 뜻하니, 학문과 글재주가 번창하는 기운이지요. 사주에 문창귀인이 있으면 머리가 총명하고, 공부·글쓰기·시험·창작 활동에서 두각을 나타냅니다.

특징: 단순히 시험운만이 아니라, 글로써 세상에 빛을 비추고, 지식으로 타인에게 도움을 주는 복이 있습니다.

※ 문창귀인의 구성

일간(天干)에 따라 문창귀인의 위치가 정해져 있습니다.

일간(天干)   문창귀인(文昌) 지지

甲 – 巳 / 乙 –午 / 丙, 戊 –申 / 丁, 己 –酉
庚 – 亥 / 辛 –子 / 壬 –寅 / 癸 – 卯

긍정적 측면: 지혜와 총명, 문학적 재능, 학업 성취, 글로 이름을 떨침.

부정적 측면: 지나치게 이론에만 치우치면 실천력이 약해질 수 있음.

🐵 교훈: 글은 단순한 기술이 아니라, 세상을 밝히는 등불이 됩니다.

🪷 **명상 한 구절**

"문창의 빛은 글에만 머무르지 않는다.
글을 통해 세상을 이롭게 할 때 그 빛은 더욱 찬란해진다."

◯ 5) 문곡귀인(文曲貴人)

의미: 문곡귀인은 예술과 감성을 주관하는 별입니다.
문창귀인이 '이성적 지혜와 학문'을 밝힌다면, 문곡귀인은 '감성적 재능

과 예술'을 꽃피우게 합니다.

음악, 미술, 문학, 연예, 창작 활동과 인연이 깊습니다.

특징: 사주에 문곡귀인이 있으면 감수성이 풍부하고 예술적 소질이 뛰어납니다.

사람들에게 매력적으로 보이기도 하여, 예술가 · 연예인 · 작가들에게 자주 나타나는 별입니다.

※ 문곡귀인의 구성

일간(天干)에 따라 문곡귀인의 위치가 정해져 있습니다.

일간(天干)   문곡귀인(文曲) 지지

甲 -亥 / 乙 -子 / 丙, 戊-寅 / 丁, 己-卯
庚 -巳 / 辛 -午 / 壬 -申 / 癸 -酉

긍정적 측면: 예술적 재능, 감수성, 표현력, 대중적 매력.

부정적 측면: 감정 기복이 심하고, 예술적 방황에 빠지기 쉬움.

교훈: 감성은 혼자만의 빛이 아니라, 세상을 밝히는 노래가 될 때 더욱 값집니다.

🪷 명상 한 구절

"문곡의 소리는 마음에서 울려 세상으로 번진다.
나의 감성은 세상을 치유하는 선율이 될 수 있다."

◯ 6) 학당귀인(學堂貴人)

의미: 학당귀인은 이름 그대로 '배움의 전당'을 의미합니다.
공부와 연구, 교육과 가르침의 별이지요.
사주에 학당귀인이 있으면 총명하고 배움에 뜻이 깊으며, 스승·학자·교사·지도자의 길과도 잘 어울립니다.

특징: 학당귀인은 글과 학문에 재능을 주고, 교육을 통해 세상에 공덕을 쌓는 힘을 줍니다.

※ 학당귀인의 구성

학당귀인은 **일간의 장생지**에 따라 정해집니다.

甲 –亥 / 乙 –午 / 丙 –寅 / 丁 –酉 / 戊 –寅 / 己 –酉
庚 –巳 / 辛 –子 / 壬 –申 / 癸 –卯

긍정적 측면: 학문적 성취, 지도력, 교육자의 길.

부정적 측면: 지나친 학문 탐구로 현실 감각이 부족해질 수 있음.

🙇 교훈: 배우는 것은 나를 위한 것이고, 가르침은 세상을 위한 것입니다.

🪷 명상 한 구절

"학당의 등불은 혼자만 밝히지 않는다.
배우고 나누는 길 위에서 세상은 함께 빛난다."

7) 철쇄개금성(鐵鎖開金星)

의미: '쇠사슬을 끊고 보물을 연다'는 뜻으로, 막혔던 운세가 풀리고 재물이 열리는 별입니다.

사주에 철쇄개금성이 있으면 억눌렸던 일이 해소되고, 다시 일어서는 힘을 얻습니다.

특징: 특히 한때 좌절이나 실패를 겪더라도, 이 별이 있으면 다시 회복하고 새로운 기회를 잡을 가능성이 큽니다.

"다시 시작할 수 있는 힘"을 주는 별이라고 할 수 있습니다.

※ 철쇄개금성의 구성

철쇄개금성은 **묘유술(卯酉戌) 세 자 중에 일지(日支)**에 한 자가 있고, 나머지 글자를 타지에서 만날 때 그 힘이 발휘됩니다.

(전통서마다 차이가 있으나, 공통적으로 "쇠사슬을 끊고 길을 연다"는 상징은 같습니다.)

긍정적 측면: 위기 극복, 막힘 해소, 재물 회복, 재기의 기회.

부정적 측면: 반복된 좌절 속에 교만하면 기회를 놓치기 쉬움.

교훈: 묶임을 끊는 힘은 밖에서 오지 않고, 내 안에서 깨어납니다.

🪔 명상 한 구절

"쇠사슬은 밖에 있는 것이 아니라 내 마음을 묶는 집착이다.
그 집착을 놓을 때 금문(金門)은 저절로 열린다."

8) 삼귀성(三貴星)

의미: 삼귀성은 "세 가지 귀한 별"이라는 뜻으로, 하늘(天)·땅(地)·사람(人)의 조화를 담은 길신입니다.

사주에 삼귀성이 있으면 귀인의 도움을 강하게 받고, 출세·명예·복덕이 뒤따른다고 전해집니다.

특징: 귀인이 세 방면에서 작용하기 때문에, 어려운 상황에도 늘 손길이 따르고, 사회적 신망을 얻게 됩니다.

※ 삼귀성의 구성

일간(天干)	삼귀성(三貴星) 유형	의미
甲, 戊, 庚	천상삼기(天上三奇)	하늘의 도움을 받는 귀인, 큰 권위와 명예
乙, 丙, 丁	지상삼기(地上三奇)	땅의 복을 받는 귀인, 안정과 부귀
辛, 壬, 癸	인중삼기(人中三奇)	사람 속에서 나타나는 귀인, 인덕과 협력

긍정적 측면: 귀인의 강력한 지원, 명예, 사회적 지위 상승.

부정적 측면: 스스로의 노력이 부족하면 귀인의 덕을 오래 유지하지 못함.

🙍 교훈: 귀인은 하늘과 땅, 사람 모두에게서 오며, 결국 내가 쌓은 덕이 불러옵니다.

🪷 명상 한 구절

"삼귀성은 하늘에서만 오는 것도, 땅에서만 오는 것도 아니다.
내가 지은 덕이 하늘에 닿고, 땅에 스며, 사람들 사이에서 꽃피울 때 진정한 귀인이 나타난다."

9) 술해천문성(戌亥天門星)

의미: 술해천문성은 "戌亥 방위(서북방)에 자리한 하늘의 문(天門)"이라는 뜻입니다.

이는 하늘의 문을 열어 영적 세계와 통하는 별로 철학적 통찰과 종교적 재능, 수행의 길과 깊은 인연이 있습니다.

특징: 사주에 술해천문성이 있으면 영적 감수성이 높고 불교·도교·기독교 등 종교적 삶에 깊이 들어가거나 철학적·예술적 깨달음을 얻는 경우가 많습니다.

세속의 권세보다 정신적 세계를 추구하는 힘이 강해집니다.

※ 술해천문성의 구성

위치: 지지 戌(개), 亥(돼지) 방위에 존재.

긍정적 측면: 신앙심, 수행, 깨달음, 정신적 지도력.

부정적 측면: 현실 세계와의 괴리, 고독, 세속적 성공과의 갈등.

🙆 교훈: 하늘의 문은 밖에서 찾는 것이 아니라, 내 마음의 깊은 곳에서 열립니다.

🪷 명상 한 구절

"술해천문성은 멀리 있는 별이 아니다.
내 마음속 하늘문이 열릴 때, 세상은 곧 도량이 된다."

☯ 10) 천의성(天醫星)

의미: 천의성은 '하늘의 의사'라는 뜻을 가진 별입니다.
사주에 이 별이 있으면 병을 고치고, 약을 만들고, 사람을 살리는 힘을

가졌다고 봅니다.

전통적으로는 의술, 약학, 치유, 상담, 대체의학, 심리치료와 인연이 깊은 별입니다.

특징: 단순히 의사·약사만을 뜻하는 것이 아니라, 사람들의 아픔을 치유하고 위로하는 역할로 나타나기도 합니다.
예술이나 종교, 상담, 봉사 등으로도 발현될 수 있습니다.

※ 천의성의 구성

천의성은 **태어난 월지(月支)**를 기준으로, 바로 앞 지지가 천의성이 됩니다.

子월- 亥 / 丑월- 子 / 寅월- 丑 / 卯월- 寅 / 辰월- 卯
巳월- 辰 / 午월- 巳 / 未월- 午 / 申월- 未 / 酉월- 申
戌월- 酉 / 亥월- 戌

예시: 월지가 子(쥐)라면 바로 앞의 亥(돼지)가 천의성이 됩니다.

긍정적 측면: 치유 능력, 봉사정신, 의료·상담·치유 분야의 재능.

부정적 측면: 남의 아픔을 지나치게 떠안아 자신이 힘들어질 수 있음.

👶 교훈: 천의성은 의술만이 아니라, 따뜻한 말 한마디와 작은 위로 속에서도 발휘됩니다.

🪷 명상 한 구절

"하늘의 의술은 약방에만 있지 않다.
내 마음의 따뜻한 손길이 곧 천의성의 처방이다."

7. 흉살편(凶殺編) — 인생의 그늘과 경계

길신(吉神)이 밝은 빛을 드러낸다면, 흉살(凶殺)은 우리 인생에 그림자를 드리우는 기운입니다.

하지만 흉살은 단순히 불운의 표시가 아니라, 삶을 경계하고 단련시키는 스승입니다.

1) 공망(空亡)

의미: 공망은 '비어 있음'을 뜻합니다. 운세가 제 기능을 발휘하지 못하고 공허하게 흘러가는 상태를 말합니다.

계획이 무산되거나, 일이 흐지부지되는 경우가 많습니다.

※ 구성:

천간(갑을병정무기경신임계)과 지지(자축인묘진사오미신유)을 짝을 지어나갈 때 남는 두 글자가 공망이 됩니다.

예: 甲子(旬中)의 공망 → 戌亥

🙂 교훈: 공망은 '없음'이 아니라, 집착을 내려놓고 다시 시작하라는 하늘의 신호입니다.

😊 "비어 있음은 허무가 아니라, 새로움의 자리다."

2) 양인(羊刃)

의미: 양인은 '칼날을 든 양'으로, 강한 기운과 투쟁심을 뜻합니다. 지나치면 폭력·사고로 이어질 수 있습니다.

구성:
12운성상 **제왕지(帝旺地)**에 해당하며, 양간(甲丙戊庚壬)에만 적용합니다.

🙂 교훈: 강한 힘은 남을 해치는 칼이 될 수도, 스스로를 지키는 검이 될 수도 있습니다.

😊 "칼날은 베어내기 위함이 아니라, 지켜내기 위함이다."

3) 음인(陰刃)

의미: 음인은 '그늘진 칼날'로, 겉으로는 드러나지 않지만 내면의 상처와 갈등을 상징합니다.

구성:
12운성상 **사고지(四庫地)**에 해당하며, 음간(乙丁己辛癸)에 적용합니다. 음 일간 기준하여 록진 바로 앞 자

乙-辰 / 丁, 己-未 / 辛-戌 / 癸-丑

교훈: 보이지 않는 칼날은 밖이 아니라 내 마음에 있습니다.

"숨겨진 칼날은 상처가 아니라, 나를 단단히 세우는 가르침이다."

4) 백호대살(白虎大殺)

의미: 흰 호랑이의 기운, 큰 재앙이나 사고를 상징합니다.

구성:
구궁팔괘로 육십갑자를 돌릴 때 중궁 황천지에 해당하는 간지가 백호대살입니다.

예) 甲子, 乙未, 丙戌, 丁丑, 戊辰, 壬戌, 癸丑

교훈: 호랑이의 기운은 두렵지만, 경계심을 가지면 피해를 줄일 수 있습니다.

"호랑이를 두려워하지 말고, 호랑이 앞에서 마음을 가다듬으라."

5) 괴강살(魁罡殺)

의미: 강한 권력과 기운을 지닌 별로, 영웅적 성격을 띠지만 흉살로 분류됩니다. 고집이 세고 극단으로 흐를 수 있습니다.

구성: 일주(日柱)에만 적용됩니다.

예) 戊辰, 戊戌, 庚辰, 庚戌, 壬辰, 壬戌.

🙆 교훈: 강함은 쓰임새를 알아야 힘이 되고, 모르고 휘두르면 화가 됩니다.

💭 "강한 자가 진정한 영웅이 아니라, 강함을 다스리는 자가 영웅이다."

◯ 6) 천라지망살(天羅地網殺)

의미: 하늘의 그물, 땅의 올가미라는 뜻으로, 구속·제약·억눌림을 상징합니다.

구성: 일지(日支)를 기준으로 술해(戌亥), 진사(辰巳)가 다른 지지와 얽히면 성립합니다.

🙂 교훈: 그물에 걸려 몸은 얽매여도, 마음은 자유로울 수 있습니다.

🌅 "그물은 나를 묶는 것이 아니라, 나를 깨어나게 하는 울림이다."

☯ 7) 고란살(孤鸞殺)

의미: 고독한 난새(鸞鳥)의 별, 혼자됨과 외로운 인연을 상징합니다. 주로 결혼의 지연·불안정과 관련이 있습니다.

구성: 일주(日柱)에만 적용됩니다.

예) 甲寅, 乙巳, 丁巳, 戊申, 辛亥.

🙂 교훈: 고독은 불행이 아니라, 나를 빛나게 하는 시간입니다.

🌅 "홀로 선 나무가 가장 굳건하다."

8) 현침살(懸針殺)

의미: 매달린 바늘처럼 날카롭고 예민한 기운. 구설·관재·건강 문제를 부를 수 있습니다.

구성: 사주 전체에서 적용되며 특정 천간·지지의 조합에서 나타납니다.

예) 甲, 卯, 午, 未, 辛, 申.

교훈: 날카로움은 경계이자 지혜의 시작입니다.

"바늘 끝의 아픔은 삶을 깨우는 경고다."

9) 귀문관살(鬼門關殺)

의미: 귀신의 문이라 불리며, 불안정하고 잡스러운 기운을 상징합니다. 혼란과 갈등, 정신적 방황을 불러올 수 있습니다.

구성: 일지(日支)를 기준으로 다른 지지와의 관계에서 성립합니다.

예) 子酉, 丑午, 寅未, 卯申, 辰亥, 巳戌.

교훈: 혼란의 문을 두드리지 말고, 마음의 문을 닫아 고요히 지켜야 합니다.

"귀신의 문은 바깥에 있지 않고, 내 마음속 두려움에 있다."

10) 고신과숙(孤神寡宿)

의미: 외로움과 고립을 상징하는 별입니다. 결혼·가정운에 장애가 생기거나, 고독한 삶으로 흐르기 쉽습니다.

구성: 년지(年支)를 기준으로 띠 방합 전후에 고신·과숙이 배속됩니다.

띠(생년)	고신	과숙
亥子丑생	寅	戌
寅卯辰생	巳	丑
巳午未생	申	辰
申酉戌생	亥	未

🙈 교훈: 외로움은 벌이 아니라, 자기 내면을 찾으라는 초대장입니다.

🍵 "고독은 홀로 있음이 아니라, 진정한 나와 만나는 시간이다."

🪷 **전체 명상 한 구절**

"흉살은 불행의 이름이 아니라,
삶을 경계하게 하는 또 하나의 가르침이다.
그림자가 깊을수록 빛은 더욱 찬란하다."

11) 급각살(急脚殺)

의미: 뼈에 문제가 생겨 손발, 어깨, 허리, 무릎에 이상이 오는 살로써 심하면 허리나 팔다리의 장애가 발생하기도 한다.

구성: 월지(月支)를 기준으로 해당 지지가 정해집니다.

월지 급각살 지지

亥子丑월   丑, 辰 / 寅卯辰월   亥, 子
巳午未월   卯, 未 / 申酉戌월   寅, 戌

🙆 교훈: 바쁜 발걸음 속에서도 잠시 멈추어야 길을 잃지 않습니다.

🪷 "빠른 걸음은 멀리 가지만, 멈춤은 길을 보게 한다."

12) 단교관살(斷橋關殺)

의미: 끊어진 다리의 살이라는 뜻으로, 길이 막히거나 인연이 끊어지는 상황을 상징합니다. 계획의 중단, 인간관계의 단절로 나타나기도 합니다.

구성: 생월(月支)을 기준으로 특정 지지가 해당됩니다.

예)

寅月 → 寅, 卯月 → 卯, 辰月 → 申, 巳月 → 丑, 午月 → 戌,

未月 → 酉, 申月 → 辰, 酉月 → 巳, 戌月 → 午,

亥月 → 未, 子月 → 亥, 丑月 → 子.

🧘 교훈: 다리가 끊어져도 길은 사라지지 않습니다. 돌아가면 더 넓은 풍경을 만나게 됩니다.

🪔 "끊어진 다리 위에서 좌절하지 말라. 다른 길은 언제나 열려 있다."

☯ 13) 삼재살(三災殺)

의미: 삼재는 하늘·땅·사람의 세 가지 재앙을 뜻하며, 삼재살은 큰 변화를 불러오는 운을 의미합니다. 반드시 나쁘다고만 볼 수는 없고, 삶을 바꾸는 전환점이 되기도 합니다.

구성: 년지(年支)를 기준하여 태어난 띠 삼합오행의 병·사·묘에 해당합니다.

띠(三合)	삼재 위치
亥卯未생	巳午未년 / 寅午戌생　申酉戌년
巳酉丑생	亥子丑년 / 申子辰생　寅卯辰년

🧘 교훈: 삼재는 재앙이 아니라, 멈춰 돌아보고 새롭게 일어서는 시간입니다.

🪔 "재앙은 끝이 아니라, 변화를 부르는 종소리다."

14) 상문조객살(喪門弔客殺)

의미: 초상집의 문, 문상객의 기운을 의미하여 근심 · 슬픔 · 이별과 연관됩니다.

구성: 세운(歲運)을 기준으로 전후 삼위의 자리가 해당합니다.

예) 만약 세운이 丑년이라면, 卯가 상문, 亥가 조객이 됩니다.

교훈: 슬픔은 피할 수 없지만, 그 속에서 인간의 깊은 정과 연민을 배우게 됩니다.

"이별은 눈물의 끝이 아니라, 사랑의 또 다른 이름이다."

15) 이사별(離死別)

의미: 이별·죽음을 뜻하는 별로, 관계의 단절이나 삶의 전환을 의미합니다. 주로 결혼과 인간관계에서 이별수가 있음을 암시합니다.

구성: 일주(日柱)를 기준으로 동일한 오행일 때 해당합니다.

예) 甲寅, 乙卯, 丙午, 丁巳, 戊辰, 戊戌, 己未, 己丑, 庚申, 辛酉, 壬子, 癸亥.

교훈: 이별은 끝이 아니라, 인연의 또 다른 형태입니다.

"만남이 있기에 이별이 있고, 이별이 있기에 만남은 더욱 소중하다."

흉살의 지혜

"흉살은 피해야 할 불운이 아니라, 삶의 길 위에서 우리를 단련하는 돌부리다. 걸려 넘어져도, 그 넘어짐은 더 단단히 걷게 하는 가르침이다."

14부 심화 학습편 2

🌿 1. 일간(日干)의 신강·신약을 구분하는 기준

일간은 사주의 "나(주체)"를 나타내는 천간입니다.
신강·신약은 이 일간이 환경(월지·사방·십신 등) 속에서 얼마나 힘이 받쳐주느냐를 보는 개념입니다.

◐ 1) 기준 1 – 월령(月令)

가장 먼저 보는 것은 태어난 달의 지지입니다.
같은 오행이라면 월지의 기운을 크게 받으므로 일간이 월령에 뿌리를 두었는지가 신강·신약 판단의 1차 기준입니다.
예) 갑목이 인월에 태어나면 목의 계절이라 힘이 강함.

◐ 2) 기준 2 – 통근(通根)

월지를 포함한 12지 중 일간과 같은 오행(또는 생조하는 오행)이 있는지 확인합니다. 이를 "뿌리가 있다/없다"라고 표현합니다.
통근이 많으면 신강 쪽, 없으면 신약 쪽으로 봅니다.

3) 기준 3 – 생조(生助)와 제극(制剋)

일간을 생조(비겁·인성)가 많이 도와주는지, 아니면 극(관성·재성)이 강하게 누르는지를 봅니다.

비겁(비견·겁재)과 인성이 많으면 일간이 강해짐.

관성과 재성이 많으면 일간이 약해짐.

4) 기준 4 – 왕쇠(旺衰) 종합판단

위의 요소(월령·통근·십신)를 종합해 오행점수(득령·득지·득세)를 계산하거나 경험적으로 강·약을 판단합니다.

득령+득지+득세가 많으면 신강.

그 반대면 신약.
명리학에서 신강·신약을 가르는 가장 큰 이유는 용신(용신·희신·기신·구신) 설정을 위해서입니다.

🌿 2. 대운 보기

– 삶의 큰 물결을 읽는 법 (사례 포함)

◐ 1) 대운의 근거 – 하늘과 땅의 큰 흐름

대운(大運)은 개인의 사주팔자 위에 더해져 10년 단위로 바뀌는 외부 환경의 큰 주기입니다.

사주가 "나의 내적 구조"라면, 대운은

"내가 놓이는 강물의 흐름"입니다.

하늘과 땅의 순환이 만들어내는 큰 주기 속에서, 태어날 때의 시공간이 그 궤적을 이미 결정해 줍니다.

2) 계절·환경의 의미 – 대운은 바람과 기후

사주의 오행이 "나무"라면, 대운은
"그 나무를 둘러싼 계절과 기후"입니다.

같은 나무라도 봄바람을 맞을 때와 겨울바람을 맞을 때 성장 모양이 다르듯, 대운이 바뀌면 삶의 무대 · 관계 · 기회 · 역할이 바뀝니다.

3) 대운(大運) 산출의 기본 원리 요약

사주에서 대운은 태어난 이후 **언제부터 인생의 큰 주기가 전환되는가 (운의 시작점)**를 정하는 과정입니다.

이는 '출생 시점에서 절기(節氣)의 다음 절입 시점까지의 일수'를 계산하여 그 거리를 3으로 나누어 대운 시작 시점을 구합니다.

예를 들어,
생일로부터 다음 절입까지가 9일이라면,
9 ÷ 3 = 3 → 남자는 3세, 여자는 3세 이후부터 대운 시작.

이처럼 일수를 3으로 나누는 것이 핵심 공식입니다.

☯ 왜 "3으로 나누는가" – 천지인(天地人)의 근거

이 "3"이라는 수는 **우주의 근본 구조수(根本數)**이며,
모든 역학과 명리학의 중심에 놓여 있는 상징입니다.

(1) 천지인 삼재(三才)

천(天) – 시간, 운명, 하늘의 기운

지(地) – 공간, 환경, 물질적 토대

인(人) – 생명, 의식, 주체적 작용

모든 변화는 이 셋의 상호작용으로 일어납니다.
대운은 바로 이 "삼재의 균형점"에서 한 인간이 우주 리듬에 조응하기 시작하는 시점을 산출하는 것입니다.
즉, 출생 이후 일정한 시간이 지나 "하늘·땅·사람의 기운이 비로소 교감하는 시기"를 3으로 나누어 계산하는 것이지요.

(2) 역학적 수리 원리 – 삼생만물(三生萬物)

『주역』「계사전」에는 다음과 같은 말이 있습니다.

"一陰一陽之謂道(일음일양지위도),
繼之者善, 成之者性(계지자선, 성지자성)
故天地之間有陰陽, 陰陽之間有三(고천지지간유음양, 음양지간유삼)"

즉, 음양이 서로 교합할 때 '셋'이 생겨 만물이 생성된다는 뜻입니다.
이것이 바로 ※※삼생만물(三生萬物)※※의 원리이며,
"3"은 우주가 움직이기 시작하는 생명수(生命數)로 여겨졌습니다.

따라서 인간이 태어난 후, 그가 ※※천(절기), 지(출생지), 인(신체 생명)※※의 세 기운이 균형을 이루는 시점을 찾는 과정이 바로 "출생~절입 간격 ÷ 3"인 것입니다.

(3) 실무적 의미 – '적응·조응·발동'의 3단계

실제 명리학적으로 3으로 나눈 이유는 다음의 세 단계를 나타냅니다.

단계 의미 상징

① 적응: 태어난 후, 하늘의 운(절기)과 땅의 변화에 적응   天
② 조응: 신체가 환경에 익숙해지고, 운의 리듬과 공명   地
③ 발동: 인간의 자아의식이 발현되고, 개인운 작용 시작   人

즉, 대운은 출생 직후 바로 시작되지 않고,
"천지의 리듬에 인간이 동화되는 데 걸리는 시간"을
3이라는 수로 상징적으로 표현한 것입니다.

즉, "3으로 나눈다"는 것은 단순한 수리법이 아니라
"우주와 인간의 합일 시점을 찾는 영적 계산법"입니다.

🈷 정리 요약

구분 의미 설명

철학적 근거 천지인 삼재 인간이 천지 기운에 적응하는 시간
수리적 근거 삼생만물 음양 교합으로 생명이 발동되는 '셋'

🙂 마무리 말씀

"대운은 단순한 계산이 아니라,
하늘과 땅, 그리고 사람이 한 호흡으로 이어지는 순간의 상징이다."
3으로 나눈다는 것은 그 호흡이 맞아드는
'공명점'을 찾는 행위인 것입니다.

☯ 4) 양남음녀 순행, 음남양녀 역행 – 궤도의 형성

명리학에서는 년주를 기준하여

양남(陽男) · 음녀(陰女) → 대운 순행(順行) : 시계 방향

음남(陰男) · 양녀(陽女) → 대운 역행(逆行) : 시계 반대 방향으로 본다.

순행: 봄→여름→가을→겨울로 흘러가듯, 외부로 향하는 힘, 확장과 경험

역행: 봄→겨울→가을→여름으로 되돌아가듯, 내면으로 향하는 힘, 회귀 · 성찰 · 숙성

이렇게 순 · 역행은 각자의 삶의 궤도를 만든다.

예시: 월주가 甲子일 경우

순행: 乙丑 → 丙寅 → 丁卯 → 戊辰 → 己巳

역행: 癸亥 → 壬戌 → 辛酉 → 庚申 → 己未

5) 대운간지의 생극제화 – 천간과 지지의 대화

대운의 간지(天干·地支)는 원국과 생·극·제·화하며 인생의 길흉을 일으킵니다.

생(生) : 길을 열어주고 도와준다.

극(剋) : 막고 억제하며 경계하게 한다.

제(制) : 흉한 것을 제어하여 유익하게 한다.

화(化) : 충돌을 부드럽게 바꾸어 새로운 성질로 승화한다.

6) 형충회합의 작용 – 큰 강물 속의 물결

대운의 지지는 원국의 지지와 만나 **형(刑)·충(沖)·회(會)·합(合)** 을 일으킵니다.

형(刑) : 긴장을 부여하고 질서를 세운다.

충(沖) : 변동 · 이동 · 관계의 교체를 촉발한다.

회(會) : 삼합자를 이루는 세 지지 중 두 지지의 만남 – 아직 완전하지 않은 결집, 기운의 씨앗

합(合) : 삼합자를 이루는 세 지지가 모두 모여 온전한 만남 – 기운이 강력하게 완성됨

◐ 7) 결어 – 대운을 보는 눈

대운은 단순히 길 · 흉을 재단하는 잣대가 아니라 "나와 환경의 대화"를 읽는 지도입니다.
원국이 내면의 설계도라면, 대운은 그 설계도를 따라 펼쳐지는 계절과 강물입니다.

따라서 대운을 공부할 때는
① 간지의 생극제화
② 지지의 형충회합
③ 순 · 역행의 궤적
④ 계절 · 환경의 상징을 함께 읽어야 합니다.

그럴 때 비로소 "운명을 받아들이되, 그 속에서 어떻게 피어나고 전환할지" 길이 보입니다.

이런 식으로 실제 예시를 곁들이면, 대운의 순·역행과 회·합의 작용이 훨씬 실감 나게 다가옵니다.

 3. 용희기구한약신

1) 용신(用神)

핵심 개념

사주의 구조를 조화롭게 하고, 일간이 처한 상황을 "쓸 수 있는" 중심 기운.

즉, 사주 전체를 조정·균형·활용할 때 **"가장 먼저 취해야 할 핵심 오행·십신"**입니다.

역할

→ "사주의 균형추" 역할을 하는 기운.

→ 신강한 사주는 설기·극제할 수 있는 오행, 신약한 사주는 생조·보조할 수 있는 오행이 용신이 됩니다.

예시

일간이 너무 강한 갑목이면 화·토(설기·제압)가 용신이 될 수 있고,

일간이 너무 약한 갑목이면 목·수(보조·생조)가 용신이 될 수 있습니다.

2) 희신(喜神)

핵심 개념

사주의 균형을 돕는 보조적 · 우호적 기운.

용신이 가장 중요하지만, 그다음으로 필요한 기운을 '희신'이라고 합니다.

역할

→ 용신을 보좌하거나 용신의 기능을 강화하는 기운.

→ 운에서 희신이 들어오면 유리한 흐름 · 기회 · 도움으로 나타나기 쉽습니다.

3) 기신(忌神)

핵심 개념

사주의 균형을 무너뜨리거나 과다 · 과소를 심화시키는 해로운 기운.

역할

→ 일간이 강한데 더 생조하는 오행, 일간이 약한데 더 극하는 오행 등이 기신이 됩니다.

→ 운에서 기신이 들어오면 시험 · 장애 · 부담으로 나타나기 쉽습니다.

주의

기신이 '절대적 악'은 아닙니다. 사주 구조·운의 시점에 따라 기신이 오히려 변화·성장을 만들기도 합니다.

4) 구신(仇神)

핵심 개념

'원수 같은 신(神)'이라는 뜻.
기신이란 희신을 손상시키는 기운을 말합니다.

역할

→ 희신을 파괴하거나 힘을 약화시키는 역할.
→ 특정 지지·십신이 들어와 희신의 기능을 완전히 막을 때 주로 '구신'이라 부릅니다.

예시

신약한 사주에서 용신이 '인성', '견겁'이 희신인데 관살이 강하게 들어오면 그 견겁이 구신이 될 수 있습니다.

5) 한신(閑神)

핵심 개념

'한가한 신(神)'이라는 뜻.
사주 구조에서 주된 균형·작용과 직접적으로 관련되지 않는 중립적·부차적 기운을 가리킵니다.

역할

→ 사주를 해치지도, 크게 돕지도 않는 '여유 · 보조적 기운'.

→ 때로는 주변 상황 · 부업 · 취미 · 비핵심적 일과 관련이 있다고도 봅니다.

6) 약신(藥神)

핵심 개념

'약이 되는 신(神)'이라는 뜻.

기신이나 구신으로 인해 사주가 병들었을 때 이를 '치료 · 완화'해 주는 기운을 말합니다.

역할

→ 용신이 막혔을 때, 또는 기신이 과도할 때 그 피해를 완화하거나 돌려주는 중간 매개.

→ 전통적으로는 의약 · 치료 · 구제의 이미지로, 특정 운에서 약신이 들어오면 문제를 해결할 '길'이 열린다고도 해석합니다.

4. 지장간에 대하여

1) 지장간(地藏干)의 의미와 월령사령(日數)

정의 : 지지(十二支) 속에 '감춰져 있는 천간'을 말합니다.
예를 들어,

子: 壬, 癸(10일, 20일)
丑: 癸, 辛, 己(9일, 3일, 18일)
寅: 戊, 丙, 甲(7일, 7일, 16일)

卯: 甲, 乙(10일, 20일)
辰: 乙, 癸, 戊(9일, 3일, 18일)
巳: 戊, 庚, 丙(7일, 7일, 16일)
午: 丙, 己, 丁(10일, 9일, 11일)
未: 乙, 丁, 己(9일, 3일, 18일)
申: 戊, 壬, 庚(7일, 7일, 16일)
酉: 庚, 辛(10일, 20일)
戌: 辛, 丁, 戊(9일, 3일, 18일)
亥: 戊, 甲, 壬(7일, 7일, 16일)

이렇게 각 지지마다 "내부에 저장된 기운"이 있습니다.

각 달의 초 · 중 · 본기(日數)는 천지의 절후 변화를 반영한 것으로, **기운의 전환(交替)**을 나타낸다.

비유 : 눈에 보이는 지지(地支)는 "겉껍질"이라면, 그 속의 지장간은 "씨앗 · 내면의 힘"입니다.

겉으로 드러나지 않지만 실제 사주의 작용에 큰 영향을 주는 '저류 에너지'입니다.

2) 지장간 해석법

(1) 일간의 뿌리(根) 확인

일간이 지지 속 지장간과 연결되면 → "통근(通根)"했다고 말합니다.

일간이 지장간에 뿌리를 두면 신강으로 기운을 얻습니다.

뿌리가 없으면 신약해지고, 운에서 보완이 필요합니다.

(2) 십성(十星) 배속 확인

지장간도 십신으로 해석합니다.
예) 일간이 甲인데 지지 午 속 丙은 '식신', 己는 '정재', 丁은 상관으로 작용.

따라서 겉에 없는 십신이 지장간 속에 숨어 있으면, "겉으로 드러나지 않지만 내면·잠재적으로 작동한다"라고 풀이합니다.

(3) 조후(調候)와 세력 판별

지장간은 계절의 기운(조후)을 구체적으로 설명하는 근거가 됩니다.

예) 午월의 경우 본기 丁(火)에 더해 己(土), 丙(火)가 들이 있으므로 여름의 화기 속에 토의 습기까지 깔려 있음.

이런 방식으로 계절의 실제 성질을 세밀하게 판단합니다.

(4) 합 · 충 · 형 · 파 작용

지지끼리의 합충이 일어날 때, 그 속에 들어 있는 지장간까지 따라 움직입니다.

예) 申子辰 합수국 → 子의 癸, 申의 壬, 辰의 癸까지 수(水) 성분이 힘을 합칩니다.

따라서 겉으로 안 보이는 오행이 합세하거나 충극을 받기도 합니다.

3) 지장간 활용법

(1) 사주의 강약 · 균형 파악

일간의 힘을 판단할 때, 단순히 겉으로 보이는 천간 · 지지만 보지 않고, 지장간의 통근 여부를 반드시 확인해야 신강 · 신약이 정확히 판별됩니다.

(2) 희기(喜忌) · 용신 설정

용신을 정할 때, 지장간 속의 오행 분포를 고려해야 합니다.
겉에는 없는 오행이 지장간에 충분히 있으면, 굳이 용신으로 삼지 않아도 되고, 반대로 겉에 드러나도 지장간에 뿌리가 없으면 약하게 봅니다.

(3) 대운 · 세운 해석

운에서 오는 천간 · 지지가 지장간과 연결될 때 내면의 잠재 에너지가 활성화됩니다.

예) 원국에는 재성이 없지만, 지장간에 숨어 있는 경우, 특정 대운에 그 재성이 밖으로 드러나 재물운으로 작용할 수 있습니다.

(4) 성격 · 잠재능력 분석

지장간은 "내면 · 잠재의식 · 무의식"을 상징하기도 합니다.

겉으로 드러난 천간은 성격 · 표현 방식, 지장간은 숨겨진 기질 · 뿌리 성향을 보여줍니다.

예) 겉은 부드러워 보여도 지장간에 강한 비겁이 숨어 있으면 내면적으로 자기주장이 강한 사람일 수 있습니다.

(5) 정리

지장간 = 지지 속에 숨겨진 뿌리

해석의 핵심은 일간의 통근 여부와 십신 배속.

활용은 크게 세 가지:
① 신강 · 신약 판별
② 용신 · 희기 결정
③ 대운 · 세운 해석

또한 성격 · 잠재 능력까지 파악할 수 있는 "숨은 열쇠"입니다.

🧒 쉽게 말해, 지장간은 땅속에 감춰진 씨앗이에요.

겉으로 안 보이지만, 그것이 있어야 뿌리를 내리고 자라며,
운이 닿을 때 꽃처럼 밖으로 드러나는 힘을 가집니다.

📖 저자 후기 ✏️

이 책 「사주공부 – 나를 알아가는 지혜의 길」은
스승님께 지도를 받으며 처음 발심한 마음을 붙잡아
한 걸음씩 쌓아 올린 작은 결실입니다.
부족하고 서툴지만, 그 속에는
제가 걸어온 길과 배움의 흔적이 담겨 있습니다.

사주명리학을 배우며 깨달은 가장 큰 지혜는,
'운명을 보는 공부가 아니라
나를 알아가는 공부'라는 사실이었습니다.
내가 어떤 기질을 지니고 있는지,
무엇에 치우치고 무엇이 부족한지
알게 될 때, 운명은 더 이상 두려움이 아니라
성찰의 거울이 되었습니다.

이 책이 완전한 해답을 전해주지는 못합니다.
다만 저와 같이 처음 길을 나서는 분들에게
작은 등불이 되어, 스스로의 삶을 돌아보고
이해하는 계기가 되기를 바랄 뿐입니다.

또한 사주를 통해 사람과의 인연을 바라볼 때,
비난과 단정이 아닌
이해와 배려의 시선으로 다가가시기를 소망합니다.

끝으로, 이 책을 세상에 나올 수 있도록 이끌어 주신
스승님께 깊은 감사의 합장 인사를 드립니다.
또한 이 책을 읽어주신 모든 분들께도 진심으로 감사드립니다.
여러분의 삶이 오행의 조화처럼 균형을 이루고,
그 안에서 자기다운 빛을 찾으시기를 기원합니다.

사주 공부

초판 1쇄 인쇄 2025년 10월 28일
초판 1쇄 발행 2025년 11월 03일
지은이 김성연
사진 지현향

펴낸이 김양수
편집디자인 이정은
교정교열 연유나

펴낸곳 도서출판 맑은샘
출판등록 제2012-000035
주소 경기도 고양시 일산서구 중앙로 1456 서현프라자 604호
전화 031) 906-5006
팩스 031) 906-5079
홈페이지 www.booksam.kr
블로그 http://blog.naver.com/okbook1234
페이스북 facebook.com/booksam.kr
이메일 okbook1234@naver.com
ISBN 979-11-5778-722-7 (03180)

* 이 책은 저작권법에 의해 보호를 받는 저작물이므로 무단전재와 무단복제를 금지하며, 이 책 내용의 전부 또는 일부를 이용하려면 반드시 저작권자와 도서출판 맑은샘의 서면동의를 받아야 합니다.
* 책값은 뒤표지에 있습니다.
* 파손된 책은 구입처에서 교환해 드립니다.
* 이 도서의 판매 수익금 일부를 한국심장재단에 기부합니다.

맑은샘, 휴앤스토리 브랜드와 함께하는 출판사입니다.